科学巨匠

虞籍院士风采录

绍兴市上虞区档案馆 编

人民日报出版社

北京

图书在版编目(CIP)数据

科学巨匠：虞籍院士风采录 / 绍兴市上虞区档案馆
编. -- 北京：人民日报出版社，2021.5
ISBN 978-7-5115-6996-7

Ⅰ.①科… Ⅱ.①绍… Ⅲ.①科学家-生平事迹-绍
兴 Ⅳ.①K826.1

中国版本图书馆CIP数据核字(2021)第063624号

书　　名：科学巨匠:虞籍院士风采录
　　　　　KEXUE JUJIANG : YUJI YUANSHI FENGCAILU
作　　者：绍兴市上虞区档案馆

出 版 人：刘华新
责任编辑：程文静　杨晨叶
封面设计：书道闻香

出版发行：人民日报 出版社
社　　址：北京金台西路2号
邮政编码：100733
发行热线：(010)65369527　65369512　65369509　65369510
邮购热线：(010)65369530
编辑热线：(010)65363530
网　　址：www.peopledailypress.com
经　　销：新华书店
印　　刷：杭州富春印务有限公司
法律顾问：北京科宇律师事务所　010-83622312

开　　本：787mm×1092mm　　1/16
字　　数：197千字
印　　张：13.5
版次印次：2021年4月第1版　　2021年4月第1次印刷

书　　号：ISBN 978-7-5115-6996-7
定　　价：128.00元

《科学巨匠——虞籍院士风采录》编委会

顾　问：徐　军　金进富

主　任：赵文中

副主任：潘立峰　许建超　王永表　夏永江　吴光裕　章颖芳　孙云苗

委　员：陶劲松　孙海明　范文卫　陶海强　陆海军　朱宝生　陈学军
　　　　丁福军　任中华　陈曙焕　崔煜忠　崔苗军　姚勇坚　金利刚
　　　　曹红心　祝子龙　孙卫国　贾彩萍　蒋金祥　张铭军　赵伟平
　　　　朱江桥　卢梁勇　蔡建红　章兆钧　姚铭华　闻桂珍　吴自强
　　　　杜永刚　陈荣荣　祝荣法　俞林忠　夏明尧　冯　柱　胡关炎
　　　　王忠良　龚开洋　景春良　朱鑫海　张春育　蒋　峰　王银苗
　　　　孙伟琴　王飞军　沈娟芬　房永军　阮建东　张国富　沈　璐
　　　　徐沛生　胡　升　孙国军　徐　彪　王炜吉　许君意　杜秀丽
　　　　丁志强　赵明刚　宋世洋　罗黎明　石洪元　胡四海　戴建明
　　　　许国华　冯世凯　王佳琦　戴忠伟　谢文权　陈　凯　王文松
　　　　金小军　朱春兰　傅飞军　朱春起　金　琳　叶　涛　陈圆圆
　　　　徐松杰　赵春峰　王　凯　郑哲军　马百根　陈才华

《科学巨匠——虞籍院士风采录》编写组

主　编：朱宝生

副主编：施柏松　赵银军　黎　飚　顾志坤（执行）

编　委：杨　健　许雅琴　陈荣力　黄智光　徐伟军　万国通　周友泉
　　　　蒋　明　叶桂裕　倪佳丽　赵　坚　茅佳晨

编　纂：徐伟军　郑志勋　吕云祥　罗兰芬　傅丽红　蒋军辉　金舒燕
　　　　顾一鸣　任　江　杨　钦　顾志坤

前 言

习近平总书记指出，科学成就离不开精神支撑，科学家精神是科技工作者在长期科学实践中积累的宝贵精神财富。[①]

由上虞区档案馆编撰出版的《科学巨匠——虞籍院士风采录》一书，历时一年多采访，足迹遍及北京、天津、上海、吉林、杭州等地，全书以纪实笔法，记录了虞籍两院院士勇于探索、献身科学的生动事迹，展示了他们彪炳史册的历史成就，呈现了他们把自己的科学追求融入到建设社会主义现代化强国的伟大事业中去的家国情怀和优秀品质。这是一件讲好上虞故事的意义深远之事，既是存史，更为育人，既是弘扬，更为引领，必将激励更多的青少年学子尊崇科学家，学习传承科学家精神，在全社会营造崇尚科学的良好氛围。

古越上虞，乃虞舜故里，山水秀美，人杰地灵。数千年来，在曹娥江文化的濡养下，这片土地不仅孕育出了一大批名贤硕彦，创造出了灿烂的精神、物质财富，而且崇尚科学之风由来已久。

东汉时期的上虞先贤王充，被誉为"中国古代唯物主义者和启蒙思想家"。早在公元1世纪，他就在那本烛照千秋的《论衡》中，指出了潮汐跟月亮有关系，直到17世纪80年代，牛顿发现了万有引力之后，西方才提出了"潮汐是由于月亮和太阳对海水的吸引力引起"的科学假设。王充还提出了"知为力"的著名论断，认为知识是比体力有更大作用的力量。他的这一

---

①2020年9月11日，习近平总书记在科学家座谈会上的讲话。

说法，比英国哲学家弗朗西斯·培根提出的"知识就是力量"要早1500年！

英国历史学家李约瑟博士在他的著作《中国科学技术史》中，把王充讲述潮汐对月亮有依赖关系的论述全文进行了引用，说这是"一个极其值得注意的例子"。有意思的是，李约瑟博士在书中还提到了另一个对中国科学技术有重大贡献的上虞人魏伯阳，这位也是生活在东汉时代的炼丹家，曾经著述了一部《周易参同契》，由于化学起源于炼丹术，这部著作因此在世界科技史上具有重要的地位。李约瑟博士称之为"全球第一本这方面的书籍"。

从思想家王充、"万古丹经王"魏伯阳，到近代中国科学界"先驱"的杜亚泉；从世界用灌钢法炼钢的鼻祖谢平，到中国气象事业的奠基人竺可桢；从创烧出"类冰""类玉"秘色瓷的上虞一代又一代制瓷名匠，到"中国稀土之父"徐光宪……上虞人追求科学的精神可谓一脉传承，在漫长的科学旅程中，上虞大地群星闪耀。

时至今日，从上虞这座崇尚教育和科学的城市，已经走出了名动中外的15位两院院士，在各个专业领域，他们筚路蓝缕，历尽艰辛，矗立起了中国科技发展史上的一座座丰碑，为中华民族复兴和科技强国梦想作出了重大贡献。他们是社会之功臣、民族之栋梁、国家之重器，更是当代中国的荣光。

"繁霜尽是心头血，洒向千峰秋叶丹。"从《科学巨匠——虞籍院士风采录》一书中，我们深切感受到虞籍科学家们深厚的爱国情怀、坚忍不拔的科学精神和心系故土的赤子深情。我们要大力弘扬他们胸怀祖国、服务人民的爱国精神，勇攀高峰、敢为人先的创新精神，追求真理、严谨治学的求实精神，淡泊名利、潜心研究的奉献精神，集智攻关、团结协作的协同精神，甘为人梯、奖掖后学的育人精神，要学习他们，争做重大科研成果的创造者、建设科技强国的奉献者、崇高思想品格的践行者、良好社会风尚的引领者，不断向科学技术广度和深度进军。

科学改变生活，科学创造生活。今天的上虞人民，在习近平新时代中国特色社会主义思想伟大旗帜指引下，大力实施创新驱动战略，尊重知识、尊重人才、尊重创造，用智慧和汗水书写了高质量发展的精彩答卷。科技创新在经济发展、社会繁荣、人民生活品质提升等方面的作用正日益显现。在全面建设社会主义现代化先行区的新征程上，上虞正以排头兵、优等生的姿态，守正创新，奋力前行，努力在全省建设"重要窗口"中贡献更多力量，展示最美上虞风景。

怀山之水，必有其源；参天之木，必有其根。虞籍两院院士既是爱国科学家的典范，更是家乡人民的骄傲。我们深信，闪耀在他们身上的精神光芒，必将照进更多上虞后学青年的心灵之中，影响和激励越来越多的年轻学子肩负起历史责任，胸怀理想，追求真理，创造无愧于时代、无愧于人民、无愧于历史的光荣业绩。

仰山之高，依水之长。见贤思齐，一片冰心在报国。

编　者

2021 年 4 月

目 录 Contents

雄关漫道唯"求是"

——记中国科学院院士、副院长竺可桢

　　竺可桢（1890.3—1974.2），浙江省上虞县东关镇（今绍兴市上虞区东关街道）人。中国共产党党员。气象学家、地理学家和教育家，中国近代地理学和气象学的奠基者，近现代科学救国和科教兴国的先行者。1909年考入唐山路矿学堂学习土木工程。1910年公费留美学习。1918年获得哈佛大学气象学博士学位，同年秋天回国，先后受聘于武汉、南京两所高等师范学校及东南大学、南开大学。1928年应中央研究院院长蔡元培之聘，筹建气象研究所并任所长。1936年任浙江大学校长。1948年当选为中央研究院院士。新中国成立后历任中国科学院副院长、全国科技协会副主席，以及中国气象学会、中国地理学会理事长、会长及名誉会长等职务，并先后当选为一至四届全国人民代表大会代表和常务委员会委员。主要著作有《中国气候区划》《东南季风与中国的雨量》《中国气候概论》《中国近五千年来气候变迁的初步研究》《物候学》等。

　　1955年当选为中国科学院（生物学地学部）学部委员（院士），兼该部主任。

三乐康复老年公寓位于北京通州陈各庄，老人们在这里快乐地生活着，无忧无虑，颐养天年。91岁的竺安先生也在此居住。2020年9月15日下午，我们见到了这位眉清目秀、精神矍铄的老人，他就是竺可桢的小儿子。竺安先生虽然出生在异地，但家乡之情十分浓烈，见到家乡来客，不禁喜形于色，招呼我们落座闲聊。

我们的话题很自然地转到他的父亲竺可桢，竺安先生说："我父亲对老家上虞很有感情，我当年也与茶叶专家吴觉农先生一起回过上虞。如果身体条件可以，我真想在有生之年，再回家乡看看。"

我们与竺安先生攀谈了一个多小时，离别的时候，竺安先生在我们的签字本上写下这样一句话："欢迎家乡来人看望我，祝愿家乡，祝福家乡。"

在竺安先生的身上，我们仿佛看到了竺可桢先生的影子。

迈上求学之路

1890年3月7日，竺可桢出生于浙江省上虞县（今绍兴市上虞区）东关小镇上一户米商之家。父亲竺嘉祥满心喜欢，为小儿取名可桢，桢是筑墙用的支撑木柱，引申为可用之材，寄予了长辈的深切希望。竺嘉祥和妻子顾金娘开办了承茂米行和源泰烛淘，诚实勤劳的经营和辛苦操持，保证了还算殷实的家境。竺可桢出生那年，他们在东关米市街小河对岸新建了住房，这个被称为竺家台门的老房子也就是保存到今天的"竺可桢故居"。

竺可桢的兄长竺可材曾和一代国学大师马一浮同年赶考，分别获得第五名和第一名的成绩。成了秀才的竺可材认真地教弟认字读诗，竺嘉祥又聘请道墟塾师章镜尘来家设馆课子，这位启蒙老师旧学渊博，为人正直，对竺可桢影响较大，一直到晚年，竺可桢还与塾师家人保持着密切的联系。

1898年维新派主张改革教育制度，东关镇引领新风，在1899年就诞生了第一所中西结合的新式学校"毓菁学堂"，9岁的竺可桢也从私塾转到了小学，一读就是六年。新式的西学教育为他打开了追求新知的窗口，从小对自然现象感兴趣的竺可桢似乎从这里看到了奇妙的前景。因为家境渐趋困顿，1905年春竺可桢以优等成绩从小学毕业后，听从父命选了有助学金的绍兴东湖法政学堂即东湖书院就读。因为不喜欢书院的刻板课程，竺可桢向家里提出转学，竺嘉祥就按绍兴乡间的办法找朋友做了一个"会"，也就是临时筹集资金，同时也得到了镜尘塾师的支持。1905年秋，竺可桢考上了由宁波镇海籍商人叶成忠在上海捐资兴办的澄衷学堂。

在澄衷学堂，竺可桢格外珍惜学习机会，他将"醒来即起"的小字条贴在床边，每日自我激励。当年同学胡适看到他生活俭朴身形瘦弱，曾开玩笑说，"此君活不过二十岁"，竺可桢听了也不恼，反而下定了"为学习健体魄"的决心，养成了终身受益的锻炼身体的好习惯。竺可桢学业好，待人又诚恳，曾被同学们推举为班长。1909年春，竺可桢进入唐山路矿学堂学习土木工程。这一阶段的学习为竺可桢打下了扎实的新学基础。

1910年，在第二期庚子赔款留美考试录取的70人中，竺可桢获第28名。一开始他认为"中国以农立国"，就进入美国伊利诺伊大学农学院学习，1913年毕业获农学士学位。竺可桢迫切地想走科学救国的道路，但他感到美国的大型农业并不适合中国的小农经济，因此改学与农业有密切关系

1910年第二批"庚款生"于北京合影，第二排左五为竺可桢

3

的理科——气象学，而气象学正好又是一门新兴的自然学科，他就改入哈佛大学研究院地学系攻读气象学，1915年获得硕士学位。庚款留学原规定以五年为期，为继续深造，竺可桢又申请延长学时三年，1918年发表《远东台风的新分类》等论文，获得哈佛气象学博士学位。

在哈佛深造的五年，竺可桢掌握了气象学等专业知识，迈入了气象科学领域的先进行列。他陆续发表了《中国之雨量及风暴说》《台风中心之若干新事实》等紧密结合中国气象实际的论文，被吸收为美国地理学会会员，获得了伊麦荪奖学金。求学的同时，竺可桢还深入了解了哈佛大学的历史，对前校长埃利奥特以40年不懈之努力，将哈佛改造为世界知名学府的成就深感敬佩，对哈佛的学风、学制也多有赞许，这对他日后管理浙大产生了积极的影响。

在留美学习期间，竺可桢为实践科学救国的抱负，于1915年参加了中国最早在国外建立的科学社团——中国科学社，并很快成为科学社的骨干，在该社主办的《科学》期刊担任编委，发表了多篇学术论文和科普文章。这个社团后来搬回国内，创办科学事业，出版《科学》和《科学画报》期刊，举办研究机构，举行学术年会，参加国际科学活动，直到解放初期才告结束。科学社对倡导、推动我国的科学事业起到了较大作用，竺可桢身为其连续30多年的重要骨干，作出了不可磨灭的贡献。

成为专业翘楚

竺可桢于1918年获得博士学位回国后，先后有10年时间执教于武昌高等师范学校（武汉大学前身）、南京高等师范学校（其后改建为东南大学、中央大学）、南开大学等，并在东南大学主持组建了中国第一个含地理、气象、地质、矿物四个专业的地学系，广聘良师，扩招学生，声誉日起，受到当时学界的重视。东南大学地学系与历史较久的北京大学地质系，南北相映，成为当时中国培养地学英才的两处摇篮。竺可桢以欧美现代地理学和气象学等组织教学，编写了代表当时先进地理学和气象学的《地理通论》和

《气象学》讲义，培养了如胡焕庸、张其昀等我国第一代现代地理学和气象学家，这些专家成为我国这两门学科奠基时期的重要力量。在气象研究所建设之初，由于中国气象专业人员的极度缺乏，还办了好几期气象人员训练班，培养了一批急需的专业气象人员。

1928年，国立中央研究院成立，这是当时我国最高的学术机关。这一年，竺可桢受中央研究院院长蔡元培之聘，创建气象研究所，之后他筚路蓝缕，披荆斩棘，历经八年多的艰苦奋斗，不仅在南京北极阁山巅建成了气象研究所，还建起了一座现代化的、完备的气象台，开始有条理地开展地面气象观测、高空观测、空中微尘观测、气象情报的集中和分区广播、天气图分析和预报、物候观测等部门比较齐全的气象工作，兼及地震工作，还在经费困难的情况下，布设或合办了28个测候所，包括泰山、峨眉山和远至拉萨的测候所，又推动和协助国内其他省份设立站台，从而构成了我国最初的气象网络。

同时，竺可桢带领当时还较薄弱的研究力量，完成了20多篇开拓性的研究论文，逐步培养起后来发挥重要作用的技术力量。经过大约10年的苦心经营，到1937年9月初，即南京政府撤退前夕，竺可桢在10年前回国时的愿望得到了初步实现。气象研究所在仪器设备、图书刊物、人员素质、业务范围、科技水平和国际影响力等方面，早已超过当时外国人在我国创办的规模最大的上海徐家汇观象台，成为我国气象研究的中心和实际上的业务指导中心，也是气象人才培养的重要基地，初步奠定了我国现代气象事业的基础，并通过政府收回了外国人垄断中国气象观测预报事业的权利，改由中国人主持此项工作，外国人只能做观测项目。

在担任繁重教学工作的同时，竺可桢仍保持科学家对科学事业的饱满热忱，从事科学研究和科学知识传播工作。仅从1918年至1928年年初这段时期，竺可桢就先后在国内外科普刊物上发表了60多篇有关科学和教育的文章，其中气象方面约占一半，地理方面也有较多内容，对其他如航空、历法、优生、农业等领域亦广泛涉猎，以竺可桢这一时期发表论文之多、思虑之深、范围之广，可见其创作力的旺盛与视野的开阔。

从创建气象研究所之日起到1936年4月去浙江大学任职的八年间，是竺可桢专心致力于气象科学研究的时期，我国许多开拓性的气象著作，就是他在这一时期完成的。《竺可桢文集》编辑小组搜集到他公开发表的著作270篇，约60篇是在这八年间完成的，其中约50篇是气象论著或者是和气象有关的著作。

在1948年以前，竺可桢一直专任或兼任气象研究所所长，被行政工作占去了一定精力，但竺可桢科学安排，将研究工作做到极致，他从搜集资料、查阅文献、分析论证，直到完稿，总是亲自动手，不厌其烦，因而熟悉研究的全过程。他的著作旁征博引，选材精练，论据可靠，剖析周详，令人折服。

竺可桢是中央研究院评议会第一、第二届评议员，在1948年3月28日的评议会上，竺可桢当选为新建立院士制的81名中央研究院院士之一，9月份召开的中央研究院第一届院士会议上，他又被选为第三届评议员。

坚持"求是"精神

正当竺可桢一心一意致力于我国气象科学事业的时候，1936年春，他被当局选中出任国立浙江大学校长，这是他一生事业中的重大转折，也是他思想上引起变化的一大契机。这个时期，竺可桢倡导的"求是"精神从孕育到壮大，成为他精神世界的硬核。

1935年年底"一二·九"运动中浙大学生驱逐校长郭任远，教育部准备另行委派校长，一些党政要人举荐了竺可桢。1936年2月21日，蒋介石会见竺可桢，意在要他接任校长一职，而竺可桢还想着专注于他已经做了20多年的地理学、气象学的教学和研究，也觉得自己不善于也不屑于同官场打交道，内心犹豫不决，就推说要和中央研究院院长蔡元培先生商量后再定。但很多学生、亲友都劝他不要放弃，大家认为学者文人在关键时刻也要挺身而出为众人效力，反复考虑后竺可桢决定接受提名。

竺可桢是经东湖书院时的同学邵元冲介绍认识其妻妹张侠魂的，两人情投意合，于1919年年底结婚。张侠魂出身湖南湘乡书香门第，其父张伯纯是同盟会成员。张侠魂对竺可桢

1922年竺可桢一家的合照（右一竺可桢，左一张侠魂）

说："正因为现时大学教育问题众多，办教育者风气不正，有抱负的正派人更应该毅然出来担任校长，用实际行动做出榜样来。"夫人的鼓励以及他内在的强烈责任心，激发了竺可桢从小熟知的"修身、齐家、治国、平天下"的传统文人宏愿。1936年4月，竺可桢出任浙江大学校长。

原来他只希望负责过渡时期，姑且当个一年半载的校长。不意此后的13年，竺可桢多次辞职而未获准，不得不以主要精力主持浙大工作，并仍兼气象研究所所长达10年之久。在这13年中，竺可桢经历了抗日战争和解放战争的全过程。到浙大的第二年，抗战爆发，战火燃向杭州，竺可桢带领全校师生西迁，由浙而赣、桂、黔，四易校址，跋涉五千里，最后落脚黔北遵义湄潭，直到抗战胜利后迁返杭州。这许多年师生共患难同生死，可谓沉浮人生，艰险备尝，后来有人赞誉这是浙大师生"文军的长征"，成为中华教育史上的光辉一页。

1938年11月1日，西迁的浙大在广西宜山举行开学典礼，竺可桢亲自为师生作了题为"求是精神与牺牲精神"的演讲，第一次阐释"求是"的意义。他指出："求是"就是指排万难冒百死以求真知，怎样才能达到"求是"？最好的路径就是"博学之，审问之，慎思之，明辨之，笃行之"，应尽自己的力量去实行，"盖有舍身以取义，未闻求生以害仁。义所当死，死贤于生"。同年11月19日，竺可桢在校务会议上提议后，大家一致通过，"求是"便作为浙大校训定了下来。

竺可桢提出"求是"说，也得益于从小的家庭教育。幼时母亲就经常给他讲滴水穿石的故事，教育他做人做事要达到"精、诚"境界。按竺可桢的认识，"求是"即"（1）不盲从，不附和，一以理智为依归。如遇横逆之境遇，则不屈不挠，不畏强御，只问是非，不计利害。（2）虚怀若谷，不武断，不蛮横。（3）专心一致，实事求是，不做无病之呻吟，严谨整饬，毫不苟且。"强调"求是"精神就是科学精神、牺牲精神，必须身体力行。

竺可桢最让世人敬仰的，就是他一生倡导、践行的"求是"精神。竺可桢之令人怀念和崇敬，固然同他的卓越贡献和光辉历程有关，更在于他贯穿其中、笃信力行的"求是"精神。在抗战的艰难岁月，竺可桢认为要"以科学之方法，悉今日之急务"，他一再明确，"校训为求是，实事求是，自易了然，然而言易行难。一时利害冲突，甚难实行求是精神"，所以他特别崇扬王阳明的知行合一学说，"行之明觉精察处，便是知。知之真切笃实处，便是行"，号召师生为学问而努力，为民族而奋斗。

竺可桢倡导办综合性大学，各学科才能渗透，相互影响，"百川归海，方成其大"，为此，他请马一浮先生为浙大作校歌，歌词首言"大不自多，海纳江河。惟学无际，际于天地。"大家也明白，"昔言求是，实启尔求真"，为学为人，当以追求真理为依归。在广西时，竺可桢还和学生们一起聆听马一浮所开的讲堂，明"理气"、强"知能"，深深地体味王阳明学说，和学生们一起谋求精神上的成长。竺可桢以"求是"精神作为浙江大学的校训，也是想与哈佛大学的校训"真理"相对照，以哈佛大学为蓝本勾画浙江大学。

受命出任浙江大学校长是竺可桢人生中最辉煌的篇章之一。在竺可桢和同事们的精心组织下，浙大在西迁东返过程中，师生职工和图书设备等几乎全部安全，每到一地他们草草安顿即上课实习，从不因搬迁而耽误荒废学业，这在内迁各大学中极为罕见。从接任开始，竺可桢果敢改变前任所推行的一切军事化的强制教育方式，实行兼收并蓄、学术自由的教学，推行导师制，增聘好教授，逐年增建院系，加强学术研究。竺可桢始终认为"教授是大学的灵魂，一个大学学风的优劣，全视教授人选为转移"。"一个学校实施教育的要素，最重要的不外乎教授的人选、图书仪器等设备和校舍建筑。这三者之中，教授人才的充实，最为重要。"

竺可桢英明决策选校址也是值得一记的事。在抗战西迁过程中，主要的大学都集中在重庆、昆明等大城市，这是很自然的。但竺可桢却以超人的眼光，避开了大城市，将校址选在了贵州遵义湄潭，竺可桢认为，贵州这些偏僻地方没有敌机轰炸，教授们能安心进行教学和研究，而且当地物价相对较低，教授们虽然工资不高但不至于太过艰苦。秀丽的风景既定了人心还能陶冶人的性情，所以教授们在那段时间里出了大批的研究成果。科学家谈家桢回忆，"我的学术上最重要的成就，就是在湄潭县'唐家祠堂'那所土房子里完成的。现在回想起来，应该好好感谢竺可桢先生，因为他为我们创造了这种美好的研究环境。"竺可桢尝试"教授治学"到"教授办校"，极大地提高

1937年9月西迁前夕，竺可桢校长考察西天目山禅源寺

了学术水平，提升了学校地位。提倡学术自由、尊重人才加上同甘共苦，使大家在当年的极度困境中也能安贫乐道、团结不散。浙大由离杭时的3个学院16个系到返杭后的7个学院27个系，规模明显扩大，并赢得了"东方剑桥"的美誉。浙大这所普通的地方大学成为全国一流的著名高校，竺可桢功不可没。

竺可桢一直重视学生的全面发展，提出要培养"能转移国运的人才"，其间有《大学教育之主要方针》《大学教育与民主》等多篇文章论述教育问

题，在艰苦环境里浙大培养出了李政道、叶笃正、谷超豪、程开甲等一大批杰出人才。"君子爱人以德"，尤其难得的是竺可桢对青年学生的爱护。在浙大西迁中，为保护师生，他不顾个人安危，走在游行队伍的最前列；当学生受反动当局迫害监禁时总是奔走营救不遗余力。在竺可桢赤忱爱护和"求是"校训熏陶下，浙江大学的民主传统和爱国、正义、进步的力量不断增加，被时人誉为"民主堡垒"。

"求是"是竺可桢为浙江大学定的校训，而"求是"更是竺可桢一生治学、处事、为人的准则。他一再指出，"求是"就是追求真理，不盲从、不附和、不武断、不蛮横是探求真理的科学家应取的根本态度。竺可桢主张尊重客观实际，反对违背科学规律的浮夸行为，一再强调"求是"精神贵在实践，而他本人就是实践的典范，有几件事可做印证。

其一是1947年浙大学生自治会主席于子三被捕杀害事件。于子三在刑讯逼供中被残害致死，省特务头子诱迫竺可桢签字证明于子三是自杀，遭竺可桢的断然拒绝。事后，竺可桢在南京接受报界采访时公然申言"此事将成为千古奇冤"，使一些国民党喉舌报纸制造的于子三是"畏罪自杀"的谎言立即破产。浙江省主席见报后即急报蒋介石，称竺可桢有意煽动学潮，蒋介石即命教育部部长朱家骅要竺可桢当面公开更正，竺可桢毅然答复"报载是事实，无可更正"，实践了他只问是非不计个人利害的"求是"精神。

其二是乌云翻滚的1968年2月，在中国科学院的一次所谓"两条路线斗争"的座谈会上，不少人附和所谓科学院执行了修正主义路线或称黑线统治的谬论，竺可桢虽处政治压力下，但发言不予苟同，他表示：现在我们能够自己制造所需的仪器，能够培养高级科技人才，能够并有信心解决一切疑难问题，科学真正在我国落地生根，这是解放以前所梦想不到的，而在18年内统统做到了，这能说不是红线主导的吗？

在学术问题上他同样坚持"求是"精神。早在19世纪40至50年代，苏联在生物科学领域以政治手段盲目推崇李森科而排斥打击摩尔根学派，此风在50年代也波及中国。竺可桢颇不以为然，他曾在植物学家林镕和农学家过兴先的陪同下，亲自面询当时任全苏列宁农业科学院院长的李森科，问他在遗传学研究中对有关生物化学应用有何看法，李森科竟说自己根本不主张使用生物化学的方法来研究遗传学。这位显赫一时的权威如此回答实在让竺可桢惊讶不已。1956年竺可桢亲自主持了遗传学座谈会，强调遗传学领域内贯彻"双百"方针的重要性，并对强加于摩尔根学说的错误帽子做了分析批驳，提出了正确对待摩尔根学说和米丘林学说的意见。当时，被誉为"中国摩尔根"的谈家桢教授受到了不公正的批判，竺可桢公开为他鸣不平："政治不能代替科学，对学术研究怎么可以戴政治帽子？"谈家桢后来回忆说："在那样的气氛中，知识分子已是噤若寒蝉，他却敢于站出来为坚持真理讲话，我是终生不忘的。"

又如20世纪50年代来中国参加自然区划工作的苏联专家，对中国自然情况了解不深入，将亚热带北界划到东北北部和新疆北部，我国也有些人认为是"苏联老大哥"的学说而予以附和，竺可桢则认为温度带划分不仅要考虑温度，而且要考虑作物生长状况，公开著文主张亚热带北界划在淮河—秦岭白龙江一线，得到学界公认。在当时"全盘苏化"氛围下，公开提出与苏联专家不同意见，是需要极大勇气的。

矢志不渝的追求

科学家、教育家是竺可桢的社会角色，纵观竺可桢的一生，他经历了由爱国民主主义者转变为共产主义战士的光辉历程，这在知识界老一辈中具有相当的代表性，爱国奉献恰是他的生命底色。

竺可桢生长在清末丧权辱国、苦难深重的时代，青少年时就滋长起强烈的爱国思想。热爱祖国热爱人民，成为他一生从事任何事业的出发点。他公费留美之所以先学农后学地理气象，就是因为我国以农立国，准备学成报效祖国。他在创办气象研究所的全过程，都着力抵制帝国主义在华气象机构的霸道行为，发展自己的气象事业，为国家争光，为人民造福。他早就希望举国一致抗战，对学生的抗日活动无不热情支持。他的爱国思想深入贯穿在他的科学论著和制定的大学教育方针之中。如发掘沈括、徐光启等古人在科学上的贡献，以弘扬民族文化；如以育成天下为己任作为大学教育的培养目标，等等。

竺可桢在西方教育熏陶下，养成了崇尚民主的思想和习惯，重视科学和民主在我国的进展。他十分崇敬孙中山先生，曾对南京政府继承孙中山先生的革命事业寄予很大希望，但自从1933年特务暗杀了民权保障同盟干事、竺可桢好友杨杏佛，以及看到在一些政府大员中盛行的贪污腐败现象后，竺可桢感到越来越失望。在10多年的浙大校长生涯中，他一方面不断接触青年的爱国正义，一方面亲身感受特务横行、爱国师生屡遭迫害等蹂躏民主的行为，这些都使竺可桢从失望中日益觉醒。1949年4月28日，教育部部长杭立武电催竺可桢赴沪去台，竺可桢复电拒之，并于次日秘密赴沪蛰居，静待上海解放。7月，竺可桢赴北平参加全国自然科学工作者代表会议和全国教育工作者筹备会，9月，参加中国人民政治协商会议第一届全体会议，在讨论制定《共同纲领》中，提出专写一条发展自然科学的建议，被采纳。10月1日，竺可桢参加了中华人民共和国成立大典，在天安门城楼上观礼，此后每年"十一"或"五一"都出席观礼。

1949年10月起，竺可桢以空前的热情和竭忠尽智为人民的高度责任感，担负起中国科学院副院长的职务，主要分管生物学、地学及自然资源综合考察方面的组织与领导工作。他以对发展中国科研事业的高瞻远瞩，对旧中国科研机构、科技人才及各方关系都较熟悉的特有条件，襄助院党组开展建院工作，在调整机构、安排人才、协调关系等方面发挥了独特的作用。在制订科学院长远发展规划、创建自然资源综合考察机构和开展自然科学史研究、分区组建机构发展地学研究，以及组织科学院与大专院校协作配合深入科研等方面，作出了重要贡献。在繁忙的组织领导工作之外，他还挤时间坚持自己的科研工作，在生命的后阶段，在台风、季风、气候变迁、气候区划、物候、天文学史等研究领域，都取得了卓越的成就。

中华人民共和国成立以后，凭着亲身观察中国共产党的领导，接触党的高级干部，竺可桢逐渐建立起对党的信任。在以极大的热情为崭新的科学事业奋斗的同时，他积极学习辩证唯物主义思想，并从社会和科学事业的发展中逐步成长起为建设社会主义实现共产主义而献身的崇高理想，在思想政治上、科研学术上不断进步。1962年，72岁的竺可桢加入了中国共产党，成为一名科学界的新党员。正如他在入党时所说，"终于找到了自己的归宿"。此后的竺可桢，对自己的要求更严更高了。1972年，竺可桢在给一位老朋友的信中写道："我们应以达观为怀，生必有死，这是科学的规律，我们生活在这一伟大的时代里，我生逢其时，一生可以胜过古代千载。我们是多么幸福啊。"在他临终前的日记内，还表达自己的真诚情感，热情歌颂他亲眼看到的在共产党领导下的祖国的中国的巨大变化。

20世纪60年代后，积极改造世界观的竺可桢充分利用赋闲时间，以惊人的毅力和智慧，坚持学术研究，在科学事业上倾注了全部心血。他领导了全国的自然资源综合考察等多项工作，在70岁前后，还跋山涉水奔波在大河流域、西部高原及北漠南疆等地。他继续专心致志地进行气候变迁和物候学的研究，把这两方面的研究推向新的高度，82岁时撰写出凝聚了他毕生之力的代表作《中国近五千年来气候变迁的初步研究》和《物候学》修订稿。《中国近五千年来气候变迁的初步研究》是竺可桢研究了近50年的重要课题，积累了他几十年的深思、半个世纪的心血结晶，也是竺可桢的收笔之作。《物候学》虽然是一本科普性读物，却耗费了他大量心血，是他进行物候观测几十年的科学总结，也是我国物候学研究的经典之作。

当时除著述以外，竺可桢还以大自然作为实验室，以科学家的科学敏锐，捕捉大自然环境变化的信息。他守着寓所附近极其有限的小天地，精心观测几种植物的物候变化，观察各种候鸟寒暑迁徙和数量的变化，使他积累了几十年的物候记录得以继续延伸。竺可桢学识渊博，他致力的研究工作跨越了不少学科，在气象学、地理学、自然科学史等方面都有卓越的贡献。他所从事的科学教育、科学事业组织领导与科学普及工作，都对社会有重大影响力。2008年由中国科学技术协会组织的评选中，竺可桢与袁隆平、茅以升等一起获评中国十大科技传播优秀人物。

1920年年初，从美国回国一年多的竺可桢在为事业奋斗的同时，也收获了甜蜜的爱情，他与上海神州女学老师张侠魂结婚，两人相互支持、志同道合，可惜的是1938年8月在浙大西迁途中，张侠魂感染痢疾，因战时缺医少药而不幸去世。1940年3月，竺可桢经人介绍与著名文学家陈源的妹妹、北京女子师范大学毕业的陈汲结为伉俪。陈汲在《我的丈夫竺可桢》中写道："他一辈子就是这样，在日常生活中也习惯了以科学精神、科学方法去研究周围的事物。"在漫漫人生征途上，竺可桢留下的都是正直、爱国、奉献的脚步。

奉献和清廉的一生

竺可桢是位不平凡的学者，而他在生活、为人处世等方面也都使人感受到一种很不平凡的品格。他的清廉和待人厚律己严亦成为美谈，被他的同事和学生所传颂。

竺可桢在就任浙江大学校长时就许下誓言："余决不妄费一钱，妄用一人，并决不营私舞弊，接受贿赂。"学校机构改革、任人选才等各项工作他都坚持自己的承诺。

从亲笔写给亲戚的信中，我们也可见竺可桢的廉和俭：

再樑甥：

昨日晚上驻东关镇上的解放军通讯员孙开元来我寓，带来你送给我们的笋干、虾干和糯米粉。在我们社会主义国家，本来赠送礼物是视作为不好的习惯的，但孙开元从浙江来，我们也不好意思交他退回给你们，所以只得收下。谢谢！不过事先声明，你下次就不要托人送东西来，我们会原封退回的。祝你们全家进步健康。

舅：竺可桢

一九七三年五月十二日

从一封家书中可见竺可桢的清廉之心。

抗战期间汽油供应困难，竺可桢因公出差经常不坐专车而常搭"黄鱼"车，可是当有师生因病需赶送大城市就医时，他就毫不犹豫地派出校长专车。迁校遵义以后，当时物价大涨，米珠薪桂，竺可桢和师生共甘苦，甚至曾在过春节时全家吃霉米；校长办公室独有烤火费，他却宁可生冻疮也坚持不生火独享温暖。当时，年轻教授苏步青家里孩子多，过日子常会捉襟见肘，也是竺可桢提请升他为部聘教授使他工资翻倍，由此得以渡过难关。竺可桢在日记中，总会详细记录教职员家属人口状况，并记得去尽力解决困难户的生活。中华人民共和国成立以后，虽然各方面条件大有改善，但竺可桢仍尽量少用专车，上图书馆、去书店等常常挤乘公共汽车，一如既往的廉洁奉公。

竺可桢加入中国共产党后，更是时时处处严格要求自己，把他在抗战前用长期积蓄在南京自建的一所住宅交给了公家，个人长期积储购书的美金数千元也交了公家使用，他又将十余年按月储存薪金的三分之一，嘱于身后缴了党费，个人数十年积存的图书也献给了单位。他在绍兴老家东关镇上的祖传房产——竺家台门，也做好家人工作，捐助给了家乡政府。这一切自觉自愿过硬的举措无不体现了竺可桢无私奉献的内心世界。

竺可桢的过人勤奋，是有口皆碑的。

早年在哈佛大学读书起他就开始记日记，由于意外和战乱，现在存下的日记是1936年后，一直到1974年2月6日他去世的前一天，有近900万字。竺可桢日记生前从未示人，直到1978年，在有关部门组织编撰《竺可桢文集》的过程中，夫人陈汲将之捐赠出来，世人方知有此遗存。日记内容非常丰富，许多学者专家评价竺可桢日记文本有着极高的科学史和文化史研究价值，可以当作工具书，为我们揭开历史之谜提供很多资料。值得一提的是，与方志学家章学诚同属绍兴一地的竺可桢还非常重视地方文化一类的考证、记载与收录，2008年上虞文化部门动议重新影印《新修上虞县志》时，工作人员特地赶到南京原气象研究所图书馆，在那里找到了由竺可桢当年从一安徽商人处辗转购入的《新修上虞县志》（明万历年间），从而看到了很多一手资料，这一工程才得以成功。

竺可桢不仅勤于读书，日常也勤于记载。他总是随身携带一个小记事本。开会过程中，在本子上记几笔；与人谈事，在本子上写两句；哪怕在颠沛流离的路途中，只要想到什么，他也会翻开记事本及时记下。每天临睡前或第二天早起后，竺可桢摊开记事本，仔细梳理一天来发生的事，整理自己的所思所想，用蝇头小楷端正地誊写在正式的日记本上。时间住址记于每页的首行，天气物候和记事提要记于首行之下，日记正文记于版心，收寄函电记于切口和订口两侧的空白处。

即使在出差乘车经公路时，竺可桢也会把所经各站的站名、两站间距离、经过的时间和高度一一记载下来并写入日记。这非要预先随身备有空盒气压表、笔记本不可。没有勘测任务也能经常这样做，说明竺可桢作为地理学家的严谨习惯已经成了他日常中的自然行为。到了野外，竺可桢也勤于观察记载，如他在《物候学》一书中讲物候的高下差异时，例举他1961年在川北阿坝藏族自治州考察时亲身经历的实例："6月3日早晨从阿坝县出发，路过海拔3600m处，水沟尚结冰。行244km至米亚罗海拔2700m处，已入森林带；此处可种小麦，麦高尚未及腰。更前行100km，在海拔1530m，则小麦已将黄熟。更下行至茂文海拔1360m处，则正忙于打麦子。晚间到灌县海拔780m处，则小麦早已收割完毕。"

"60年持之以恒，真是大不易"，如此观察记载之勤，不正是一个科学家素养的生动体现？这不仅是科学工作者的严谨个性使然，更是一个对人生、对事业高度负责的知识分子的担当体现。

念家爱乡的赤子情

竺可桢一辈子有过几次令人心酸的痛哭。

第一次是1908年冬天，少年的他在上海求学时，得知母亲病逝，于是连夜赶回老家东关，跪着进了家门，扑在母亲的灵柩前，泣不成声，痛彻心扉，如是尽孝虔诚撼动了众人。第二次是1938年夏季，在学校西迁过程中，竺可桢为了寻觅浙江大学的校址，在外奔走20多天。7月23日得急电，25日返江西泰和，在泰和浙大防洪堤上，听到女儿竺梅说"衡儿（竺梅的弟弟竺衡）没得了"一语时，才知7月21日次子竺衡已去世，竺可桢心痛得泪水纵横。失去了儿子后，相濡以沫的爱妻张侠魂也因战时缺医少药在8月3日撒手人寰。9月15日，竺可桢将夫人及次子葬于泰和上田村松山，"无情未必真豪杰，怜子如何不丈夫"，竺可桢坚强地撑起这个小家，继续咬牙投入学校那个大"家"。第三次是1961年被错划为右派的长子竺津在劳改时病逝，竺可桢得知后强忍悲痛，在日记中写下凄婉的《哭希文》一诗，"痛尔壮年竟早逝，使我垂老泪盈盈"，读来让人心痛。

1956年，竺可桢与家人在一起

虽然工作很忙，但竺可桢对子女教育还是投入了很大精力。他先后有六个孩子，在对孩子的教育方面，他强调"兴趣是最好的老师"，不为他们规划专业方向，所以他的孩子中，竟没有一位从事气象工作。据他的三子竺安回忆，在二哥竺衡13岁生日那天，父亲送给他一个木盒礼物，上面书写着"少年化学实验室"，里面放着很多试管、酒精灯、试纸和各种试剂，还有一本小册子，二哥于是和大哥一起，按照小册子记录的做法一起做实验，这激发了竺安对化学的极大兴趣，后来竺安如愿考上了浙大化学系。竺安的大姐

17

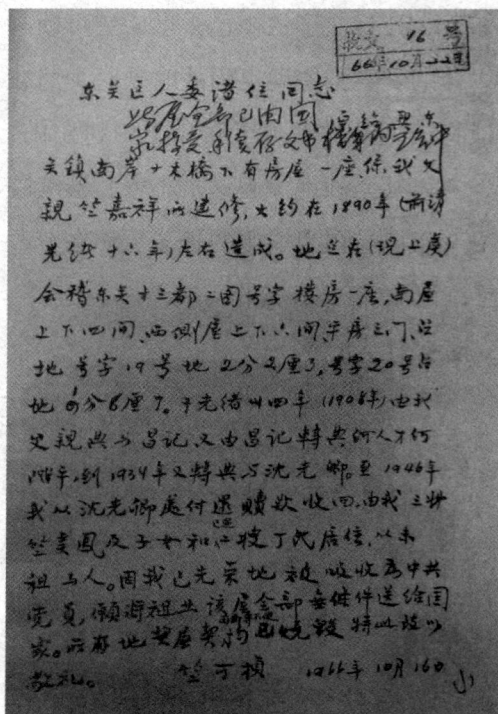

竺可桢写给家乡上虞东关区人委关于捐献祖产的信件

有音乐天赋，竺可桢发现后就鼓励她学习音乐，并送她到中央音乐专科学校（今中央音乐学院）深造。竺可桢还非常重视健康和体育锻炼，他对孩子们说，"先有好身板，才能去谈做一个对国家有用的人"。他身体先天素质并不好，但由于坚持锻炼，才有一副硬朗的身板。他还鼓励、催促孩子们多锻炼，在繁忙的工作之余，教他们游泳，带他们爬山，把健康理念传承下去。竺安曾经深情地说道："这就是父亲，一生和蔼可亲，从没有领导架子，他用心中的爱温暖着身边每一个人，并让爱一直传播下去。"

竺可桢与家乡较大的交集是他捐献祖产。1966年10月，竺可桢在京致信"浙江省上虞县东关区人委诸位同志"（人委系当时的政府机构人民委员会的简称），愿将"绍兴东关镇南岸大木桥下房屋一座，系我父亲竺嘉祥所建修，大约在1890年（前清光绪十六年）造成。……南屋上下四间、西侧屋上下六间、平房三间……"共占地四分一厘，"无条件送给国家"，起因主要是"我已光荣地被吸收为中共党员"。竺可桢认为，作为一名共产党员，有义务带头献出宝贵的私产。竺家台门也由此得到了较好的保护，1988年9月命名为"竺可桢故居"，并被列为第三批县（市）级文物保护单位。次年9月，东关房管所将竺家台门交由上虞县房管所长期免租使用，以作竺可桢故居纪念馆。1999年，上虞市文管所修缮故居，收集整理资料，开辟了竺可桢生平事迹展，并由著名书法家沙孟海手书"竺可桢故居"。2011年1

月，竺可桢故居被公布为浙江省文物保护单位。同年，上虞又作出专门规划，进一步维修保护故居，2012年8月基本完成保护性工作。当前东关街道正在抓紧规划实施新一轮的竺可桢故居的修建工作，进一步充实竺可桢生平史料、文化遗产等。

上虞区在保护竺可桢故居的同时，积极发挥名人效应，打造教育、科技品牌。1997年8月，东关镇中正式更名为竺可桢中学，中国科学院院长路甬祥先生亲笔题写了校名。学校以竺可桢先生的"求是"精神为校训，创办成国家级气象科普基地学校，校内建有竺可桢气象站和竺可桢气象实验室，用于观测气温、湿度、地温、降水、气压、风向风速等基本气象要素，学生通过不同时间的观察、记录、分析，提高了对气象变化的判断和处理能力，更好地培养了对气象事业的兴趣。学校在开设气象科普课程的同时，还开辟第二课堂，组建起有60名会员的"求是"气象科普兴趣小组、"求是"环保小组等社团，编印《学竺》校刊，定期组织活动。近年来，学校先后获得"全国优秀校园气象科普教育基地""绍兴市十佳科普教育基地"等荣誉称号。此外，上虞区还在东关街道成立了竺可桢智创产业园，目前已集聚工业企业500余家，其中规上企业34家、高新技术企业16家，2019年实现规上工业总产值31亿元，发展势头持续向好。

作为我国近现代科学救国、科教兴国的先驱，竺可桢若地下有知，一定会倍感欣慰！

参考文献：

1.《竺可桢传》编辑组编：《竺可桢传》，科学出版社，1990年2月版。

2. 杨达寿：《竺可桢》，浙江科技出版社，2009年2月版。

3. 浙江省政协文史资料委员会编：《一代宗师竺可桢》，浙江人民出版社，1990年版。

中国稀土之父

——记中国科学院院士徐光宪

徐光宪（1920.11—2015.4），浙江省上虞县（今绍兴市上虞区）汤浦镇人。中国共产党党员，中国民主同盟盟员。物理化学家、无机化学家、教育家，中国稀土之父。1944年毕业于上海交通大学化学系。1947年年底赴美国留学。1951年3月在哥伦比亚大学获物理化学博士学位，被选为美国菲拉姆达阿珀西龙（Phi Lamda Upsilon）荣誉化学会会员及美国西格玛克赛（Sigma Xi）荣誉科学会会员，同年回国。历任北京大学化学系副教授、教授、系副主任、稀土化学研究中心主任、稀土材料化学及应用国家重点实验室学术委员会主任等职。曾任中国化学会理事长、中国稀土学会副理事长和亚洲化学会联合会主席等职。第三届全国人大代表，第五至第八届全国政协委员。先后在国内外学术刊物上发表论文500余篇，出版专著和教材10余部，其中《物质结构》自1959年出版后在长达25年的时间里成为国内该领域的唯一教材，影响甚大。1995年获得首届何梁何利技术进步奖，2005年获何梁何利科技成就奖，2009年荣膺2008年度国家最高科学技术奖。

1980年当选为中国科学院（化学部）学部委员（院士）。

优异成绩考取自费公派赴美留学生，进入美国圣路易斯华盛顿大学化工系攻读研究生，后经在美国哥伦比亚大学读书的中国留学生唐敖庆的推荐，转入哥伦比亚大学学习。他在哥伦比亚大学因成绩优秀很快获得助教职位，从而解除了个人生活上的后顾之忧。

1949年10月1日，中华人民共和国成立了。远在大洋彼岸的徐光宪夫妇异常兴奋，他们废寝忘食、夜以继日地待在实验室里，希望能够多学知识，多出成果，回去报效祖国。

1950年7月，徐光宪因成绩优异，被推荐加入美国菲拉姆达阿珀西龙（Phi Lamda Upsilon）荣誉化学会。

次年3月，徐光宪完成了题为《旋光的量子化学理论》的博士论文，获美国哥伦比亚大学物理化学博士学位，并被选为美国西格玛克赛（Sigma Xi）荣誉科学会会员。

其导师贝克曼（C.D. Beckman）看好徐光宪的学术潜质，希望他能留在美国继续从事科学研究，并推荐他去芝加哥大学马利肯（R.S.Mulliken）教授处做博士后研究。当时徐光宪的妻子高小霞正在攻读博士学位，若徐光宪去马利肯教授处从事研究工作，不仅自己可以获得很好的科研环境，也能为高小霞创造良好的攻读学位的条件。

由于当时朝鲜战争已经爆发，中美关系异常紧张，徐光宪和高小霞均感到祖国更需要他们。当时美国总统已提出法案，不准留美学生回到新中国，并且法案正在等待参议院和众议院批准。在这危急关头，高小霞毅然决定放弃再过一两年即可获得的博士学位，徐光宪也放弃即将到手的工作，夫妻俩假借华侨回国省亲的名义获得签证，于1951年4月15日登上"戈登将军号"邮轮，离开旧金山，终于回到了祖国的怀抱。

稀土萃取技术的重大突破

1951年5月，徐光宪经先期回国的唐敖庆教授的推荐，受聘于北京大学化学系担任副教授，同时还兼任燕京大学化学系副教授。在为北京大学化学系学生及朝鲜金日成大学进修生讲授物理化学课的同时，对溶液络合物化学展开深入的研究。

1956年，国家提出了"全民办原子能"的号召，次年9月，经主管原子能工业的第三机械工业部副部长钱三强先生的推荐，徐光宪出任北京大学技术物理系副主任兼核燃料化学教研室主任。其间，徐光宪曾开设多门课程，开展对铀同位素235与238的分离和核燃料萃取化学的研究，提出了萃取体系和核燃料的协同萃取体系的分类法，对核燃料铀和钍的萃取机理和萃取体系进行了大量的研究工作，为我国第一个核燃料后处理铀、钍分离厂采用先进的萃取法流程，摒弃苏联提供的沉淀法流程提供了参考依据，完善和发展了测定萃取平衡常数的两相滴定法。他和同事吴瑾光共同提出的萃取有机相是微乳的新概念，对微乳萃取相的形成规律与结构进行了系统研究，该研究比国外同类工作领先8年，现已成为萃取化学的研究热点之一。

1961年，由于徐光宪在研究和教学工作中成绩突出，他被晋升为教授，这一年，他刚过40岁。

徐光宪对学科发展前沿的生长点一直很敏感，他能把握国际学术发展的新动向，结合中国的实际情况，及时选择有发展前途的研究领域和课题。20世纪六七十年代，金属有机化合物化学和原子簇化学迅速发展，有大量新化合物被合成出来，对其结构及性质的研究也随之发展，因而金属有机化合物和原子簇化合物的结构规律成为众多学者关心的问题。一直关注着前沿学科发展的徐光宪便将目光瞄准了这一个领域，于是，他在通过总结大量实验资料和已有各种理论的基础上，提出了一个更普遍的，同时适用于金属有机化合物、原子簇化合物和一般分子的结构规则，取名为（nxcπ）格式，与此相关，还提出了原子共价的新定义。利用（nxcπ）结构规则，只要根据分子结构式即可估计分子的稳定性，由此可以预测可能存在的新化合物。这一结构规则和定义，已经通过了大量实验结果和量子化学计算结果的检验，显示出其正确性与广泛适用性。

正当徐光宪全神贯注地投身于前沿学科的研究时，"文化大革命"开始了。徐光宪因为有海外学习和工作的经历，受到了排挤和迫害，为此他被迫离开了技术物理系，到江西农场去劳动。但尽管如此，徐光宪并没有放弃对自己专业的研究和对前沿学科的关注，农场的工作和生活环境十分恶劣，但徐光宪还是利用一切休息时间，偷偷研究化学中的自然辩证法。

"文革"结束后，徐光宪从江西农场回到北京大学，不久，就从技术物理系调回到他原来的化学系，任无机化学教研室主任，开始

1980年5月31日至6月30日，徐光宪（右一）率中国科学院稀土代表团访问美国及法国

从事稀土萃取分离的研究。这是徐光宪在从事量子化学、配位化学、放射化学等领域的科研后，又一次根据国家需要，服从组织分配，改变自己的科研方向，向萃取化学和稀土化学领域开展科研。

稀土有着"工业黄金"之称，是不可再生的、非常宝贵的战略资源，它不仅是冶金、机械、化工、航天、军工等高科技领域中不可或缺的重要原料，还广泛应用于手机、电脑、家电等产品中，可以说，稀土与我们的日常生活、国防安全乃至国家的未来紧密相关。过去几十年间，每隔5至10年，稀土科技都有重大发现和技术突破，这些发现和突破不仅促进了科学和技术本身的发展，也深深影响着人类的生活质量。

中国有着世界上储量最大的稀土资源，其储量约占世界已知储量的80%。但在20世纪70年代前，我国开发利用稀土的生产工艺和生产技术都十分落后，欧洲的罗地亚厂长期把稀土的生产技术作为高度机密对中国实行封锁，中国只能守着巨大的资源，用低廉的价格向外国出口稀土矿，然后再用高价进口稀土制品。

为了彻底改变这种被动的状况，促使中国稀土工业由粗放型向集约型转

变，让中国从稀土大国变成稀土强国，为中国在未来的能源、经济、军事、外交领域占有更多的主动优势，必须要在技术上取得突破。

为此，刚上任不久的徐光宪便带领他的团队，运用过去他在络合物平衡和萃取化学基础研究中取得的成果和积累的经验，开始对稀土萃取分离工艺进行攻关和研究，很快取得了突破性进展。

镨钕分离是稀土元素分离中的难点，而且在当时又是一项急需完成的军工任务，徐光宪通过选择萃取剂和络合剂，配成季铵盐——DTPA推拉体系，使镨钕分离系数从一般萃取体系的1.4～1.5提高到4以上，这是当时国际上最高的数值。但这类体系直接用于工业生产有困难。美国曾有过一个专利报道，提出用推拉体系萃取分离稀土，不过从未应用到实际生产中去。当时国际上流行的串级萃取理论是L.阿尔德斯（Alders）提出来的，徐光宪仔细分析了在串级萃取过程中络合平衡移动的情况，发现阿尔德斯串级萃取理论的基本假定"在串级过程中萃取比保持恒定"的命题，在稀土推拉体系串级萃取过程中是不成立的。于是他精心设计出一套化学操作流程，导出与此相应的一套串级萃取理论公式，并在此基础上设计出一种回流串级萃取新工艺。

为了印证这一新工艺的可行性，徐光宪曾带领团队8次亲赴包头稀土三厂参加这一新工艺流程的试验，经过多次试验，获得了圆满成功，从而在国际上首次实现了用推拉体系高效率萃取分离稀土的工业生产。在此基础上，徐光宪又陆续提出了可广泛应用于稀土串级萃取分离流程优化工艺设计的设计原则和方法、极值公式、分馏萃取三出口工艺的设计原则和方法，建立了串级萃取动态过程的数学模型与计算程序、回流启动模式等。这些原则和方法用于实际生产后，大大简化了工艺参数设计的过程，减少了化工试验的消耗，特别是能适应原料和设备不同的工厂，因而能普遍使用。同时，他和李标国、严纯华、廖春生等共同研究成功的"稀土萃取分离工艺的一步放大"技术，在深入研究和揭示串级萃取过程基本规律的基础上，以计算机模拟代替传统的串级萃取小型试验，实现了不经过小试、扩试，一步放大到工业生产规模。这不仅节省了中间试验阶段需要投入的大量资金，更大大缩短了新工艺从设计到生产的周期，使中国稀土分离技术迅速达到国际先进水平。

江苏溧阳厂就是在徐光宪院士及其团队的指导下，实施稀土分离新工艺的工厂，其稀土分离能力居全国第一，该厂生产的纯稀土产品质量在国际上享有很好声誉，95%的产品远销国外。正由于我国从1991年起单一高纯稀土的大量出口，使国际单一稀土的价格下降了3～4倍。以前在稀土产品和价格上享有国际话语权的日本一家公司，因产品质量和价格失去优势，只好宣布停产。另一家三菱化工厂在亏损的情况下仍维持生产，以免该产品的市场被中国垄断。

1996年6月，国家计委在一份题为《改革开放十六年我国稀土产业取得的历史性成就及前景预测》的报告中这样说："我国采用北京大学徐光宪教授的串级萃取理论，开发了计算机仿真一次性放大技术，可以根据不同原料组分和最终产品设计，在一周内拿出合理的液—液萃取工艺，可以直接用于工厂设计，保证工厂一次试车成功，这免去了传统的历时数年的实验室小试、扩试、中试，堪称世界先进水平。"

让中国从稀土大国变成稀土强国

邓小平同志曾指出："中东有石油，我国有稀土，中国稀土资源占世界已知储量的80%，其地位可与中东的石油相比，具有极其重要的战略意义，一定要把稀土的事业办好，打好稀土这张牌，把我国的稀土优势发挥出来。"

如何打好稀土这张牌，让中国从稀土大国变成稀土强国，为我国的经济和国防建设作出更大的贡献，徐光宪曾做过这样的分析，他说：稀土在世界上有六个市场，第一市场是稀土矿产品；第二市场是未分离的混合稀土氧化物及金属；第三市场是单一和高纯稀土氧化物及金属；第四市场是高技术稀土材料，如钕铁硼永磁材料、稀土荧光粉、稀土储氢合金、稀土激光晶体、稀土超导材料、磁致伸缩材料、磁致冷材料等；第五市场是含稀土的高技术器件，如计算机用的音圈马达（VCM）、稀土镍氢二次电池、稀土三基色节能灯、医用核磁共振显像仪、稀土马达、电动汽车等；第六市场是稀土的应用，如稀土在农业、冶金、石油、轻纺、玻璃陶瓷等方面的应用……中国的科学家们经过多年不懈的努力，虽然在稀土的分离技术上取得了突破，但在稀土的国际市场上，只在前三个市场上占有优势，而在产值以千亿美元计的其他三个市场上，中国所占的份额还很小。徐光宪表示：今后我们除了在前三个市场上要精益求精、继续领先以外，在后三个市场即稀土高新技术材料、器件的研究、开发、生产和稀土应用方面必须急起直追，再经过二三十年的努力，达到在六个市场上全面占有优势，实现邓小平同志在1992年提出的目标。

2012年，时年已92岁的徐光宪院士在接受中科院《高科技与产业化》杂志记者黄晓艳女士的采访时，曾就中国如何从稀土大国变成稀土强国、稀土的开发利用及环境保护等问题，作了详细而系统的回答。

徐光宪说，作为世界上稀土储量最丰富的国家，中国要想成为稀土强国，就要充分发挥稀土资源和产业的经济效益，控制资源浪费，减少对环境的破坏，加大对稀土科学基础研究的投入，加深对稀土科技和产业发展战略的研究。国家应把稀土列为战略元素，建立稀土资源国家储备制度，对稀土实行总量控制、垄断经营、集中管理。特别是要严格限制出口，加大稀土资源的战略储备。优化产业组织结构，深入推进稀土资源开发整合，提高稀土产业集中度，不断推动企业技术改造；加速科技进步，依靠科技创新，研发拥有自主知识产权的专利产品，打破发达国家的技术壁垒，实现稀土产业可持续发展，使稀土真正成为中国掌握世界未来高技术发展的钥匙。

徐光宪说，物以稀为贵，既然是稀缺资源，稀土的开采和供应就应该遵循合理有序并且符合价值规律的原则。在《国务院关于促进稀土行业持续健康发展的若干意见》中，明确了稀土发展的时间表：用1~2年时间，建立起规范有序的稀土资源开发、冶炼分离和市场流通秩序；再用3年左右时间，进一步完善体制机制，形成合理开发、有序生产、高效利用、技术先进、集约发展的稀土行业持续健康发展格局。

过去30年，因中国稀土分离技术和产业的快速发展，发达国家依赖于中国价廉物美的稀土产品。但是在稀土的高、精、尖和特殊用途的材料方面，中国依然与发达国家存在着一定的差距。为此，在多年深入调查研究的基础上，徐光宪与多位院士于2005年和2006年两次上书国务院，提出在保持既有优势的基础上，进一步高效利用稀土资源、提高生态环境保护水平、加快稀土关键技术研发和产业化，使我国的稀土产业真正实现由稀土大国变成稀土强国的建议，得到了国务院领导的迅速批示。

国家对徐光宪院士及其团队在稀土研究和开发上所作出的重大贡献给予了充分肯定。

2009年1月9日上午，中共中央、国务院在北京隆重举行2008年度国家科学技术奖励大会。党和国家主要领导人出席大会并为获奖代表颁奖。徐光宪作为国家最高科技奖的获得者，从时任国家主席胡锦涛手中接过获奖证书，他激动地说："感谢党和国家给我这么高的荣誉，我一定努力工作，回报社会，尽管奖是给我个人的，但应该属于整个科研团队。"

言传身教　以德育人

中国传统教育在人才培养方面一向重视言传身教、身教重于言教，这一点在徐光宪的教学、科研过程中也处处体现，同事、学生们印象深刻。

在北京大学，徐光宪的治学严谨是出名的，他的作业本、笔记本、讲义册（附有时间安排、测试题、期末总结）等，字迹清秀，规正整齐，一眼便可看出主人的认真和一丝不苟。一位学习不认真的学生在看了徐光宪的这些讲义册和笔记本之后，深受感触，从此，便开始认真做笔记，认真做作业。

徐光宪的学生赵琛，毕业后留校当老师，徐光宪多次把自己的教学经验传给他：教好书的关键是对教材理解的深和透，这便需要对有关知识的广泛摄取；初教课时，要把准备在课堂上说的每句话想好，准备在黑板上写的每一行字设计好；讲稿要写得细，细得像绣花针，但要给学生留有思考的空

徐光宪院士与学生们在实验室探讨实验结果

间；要向有经验的教师学习，也要向学生学习，认真回答他们的问题，学生的思考会帮助自己更深地理解教材。徐光宪的这些观点，对后来成为北京大学技术物理系教授的赵琛的教学和科研工作产生了深刻的影响。

另一位学生严纯华，曾做过徐光宪的研究生，后来又跟随恩师二十几年，并接替徐光宪出任北京大学稀土研究中心主任。2020年11月7日，已是中国科学院院士、兰州大学党委副书记、校长的严纯华专程来上虞参加他恩师100周年诞辰的活动，在研讨会上发言时，他充满深情地说："师从徐先生是我一生的幸福，无论是做人还是做学问，他都是我们的榜样。"多年来，先生一直以润物细无声的风格，对每位学生言传身教。他回忆恩师对自己的教诲时说："徐先生以他的学术睿智和对研究趋势的把握，不仅帮我确定了研究方向，还适时地传授研究方法，并在具体研究中给予点拨，使我能够不断地了解自己所学专业的理论和实验。更重要的是，徐先生以他'勤奋、严谨、求实、创新'的科学精神和生活态度，使我逐渐感悟到自己的责任，不断地看到自己的不足。面对学生的错误和缺点，作为导师的他从不生硬地训导学生，而是用他独特的方式启发和引导学生，让我们自己来认识和改正错误。……回顾自己这些年的成长历程，回顾徐先生和其他师长对自己的言传身教，更感到自己的幸运和愧疚，也更意识到自己所肩负的责任。"

与赵琛和严纯华一样，曾在徐光宪身边学习工作两年的黎健，除了在学业上受到恩师的教诲外，他更感到恩师对自己父爱一般的关怀。黎健的儿子有一次来北京治病，徐光宪知道后，十分着急，想从家里腾出房间给黎健一家住。黎健怕给先生家带来麻烦，就找了北大旁边的一间小屋住下来。从此，徐光宪每月就从自己的稿费中拿出100元钱，贴补黎健的家用。1989年正月初一清早，黎健听到有人在楼道里喊他的名字，出去一看，只见披着一身寒气的徐光宪手里提着一只烧鸡、一盒八宝饭，特地一大早骑着自行车来看望他们，因为不知道具体房间，只好在拥挤黑暗的筒子楼里，磕磕碰碰地从一楼找到五楼。临走的时候，徐光宪又从袋里摸出400元钱，硬塞在黎健的手里。黎健后来成了上海药明康德国内新药研发服务部的副总裁、北京大学化学博士、德国汉诺威大学洪堡学者、美国斯克里普斯研究所博士后。每每谈起这件事，他都会潸然泪下，说："我觉得，自己这辈子最幸运的事情就是做了徐先生的学生，希望我们的后辈能永远记住这样一位杰出的科学家。"

报得三春晖

2001年11月，上虞市举行上虞科技节暨春晖中学80周年校庆，邀请徐光宪出席。徐光宪收到请帖后，十分高兴，当即回信说：

> 我祖籍上虞，幼年时非常仰慕白马湖畔的春晖中学。虽无缘入门，但夏老、二朱、子恺（夏老是指夏丏尊先生，二朱是朱自清和朱光潜两位先生，子恺是丰子恺先生）等老师们的著述是我最喜欢的读物。他们热爱祖国、热爱人民、热爱真善美、热爱教育的精神无形中培育了我的人生观。祝愿春晖中学在新的世纪里，发扬光荣的传统，再上一层楼，培育大批优秀人才，为中华腾飞作出更大贡献。

因为教务繁忙，徐光宪这次在上虞待的时间很短，待活动一结束就匆匆回京了。他在离开前，对送行的乡亲们说，等我以后比较空闲了，我一定要回家乡好好走一走，看一看。

徐光宪的这个愿望，终于在2009年6月的一天实现了。那一天，白发苍苍、90岁高龄的徐光宪拄着手杖，站在汤浦山清水秀的土地上，久久凝望着塔山顶上的永元秀塔，真是激动万分："变了，变了。"他喃喃自语着，脸上漾起幸福的笑容。

在郑岸村，闻知院士回乡消息的乡亲们早已等候在村口，见到徐光宪从车上下来，村民们便热情地涌上去"欢迎徐院士回家"。在乡情乡音的包围中，徐光宪热泪盈眶，一边不停地朝乡亲们挥手，一边不停地回复着乡亲们的问候："谢谢，谢谢……"

徐光宪印象中的老家郑岸村是一个小山村，因紧邻小舜江，以前有不少村民以撑竹簰为业，当年撑竹簰业中有名的"郑岸帮"就出自该村。改革开放后，世代在小舜江撑竹簰的村民已经开始洗脚上岸，办起了铜管产业，郑岸村成为在汤浦镇最早创办铜管企业的村之一。

村庄新楼林立、干净整洁、道路宽敞。徐光宪来到自己祖屋的门口，站在这幢经历了岁月沧桑的老宅前，感触良多。他告诉大家："这就是我的祖屋，因为屋旁有座小东山，所以这里也叫'东山七亩'，当年我从浙大附中回家时，就常在这老屋里复习功课。功课做好后，我也常去小东山上玩。我父亲的别号就叫东山居士。没想今天我又来到小东山脚下，我真是高兴啊。"

徐光宪这次重返故里，除了看看祖宅，还有一件重要的事情要办，就是到祖宗坟头前祭祖。在汤浦白鹤村大石岙山头的祖坟前，徐光宪用浓浓的乡音读了由他自己亲自撰写的祭文，其中有一段这么说："1951年我和妻子克服重重困难，回到祖国怀抱，原想把慈母接到北京，朝夕侍奉，无奈天不假年，翌年慈母仙逝，未能报得三春晖，这是我终生最大的遗憾。""光宪受双亲教诲，终身勤奋，一家至亲中，如今有4位院士，有两人获得中国科学技术最高奖，曾外孙在2005年获美国总统奖。我今在此告慰父母在天之灵。"

流连在脚下这片既熟悉又陌生的土地上，置身在热情而又亲切的乡情乡音中，徐光宪一次又一次地向父老乡亲们鞠躬致谢："谢谢乡亲们，谢谢乡

2009年6月，徐光宪院士在老家汤浦小学做报告

亲们，我是从小喝着小舜江的水长大的，我不会忘记上虞父老乡亲的培育之恩，我会尽最大的努力，报效国家，报效故土。"

今天，徐光宪院士虽然已经离开我们了，但他的音容笑貌和他的精神长留在我们的心中。在2020年11月7日纪念徐光宪100周年诞辰的活动上，他的女儿徐放这样深情地说："回想父亲的一切，他是绍兴人，五十多年乡音未改，他的很多特点和爱好，实际上都来源于这片生他养他的故土，绍兴是他生命的摇篮，也是成长的沃土，他吸取这片热土的丰富养料，也深深眷恋热爱这里的父老乡亲和美食佳肴。父亲一生都衷心感恩这片故土给予他的浓浓乡情。……党委政府重新修复了我父亲的故居，并使之成为纪念馆，用以激励故乡青年奋发图进，涌现更多更杰出的乡贤。也因为你们搭建的这一平台，我父亲杰出的学生们、挚友们、同事们能够齐聚在他的故乡，纪念他的百年诞辰。并且感谢你们捐献的纪念馆铜像，大幅半身油画，让我们感觉到父亲的音容笑貌，永久地留在这片温暖故土之上。"

参考文献：

1. 徐光华主编：《走近虞籍科学家》，科学普及出版社，2010年10月版。

2. 黄晓艳、单晓钊：《稀土：掌握未来高新技术的钥匙——专访徐光宪院士》，《高科技与产业化》，2012年8月。

3. 徐光宪：《徐光宪文集》，北京大学出版社，2000年8月版。

4. 郭建荣编著：《一清如水——徐光宪传》，中国科学技术出版社，2014年3月版。

5. 车春萌：《哲人其逝 风范永驻》，《上虞日报》，2020年11月9日。

科学巨匠
KE XUE JU JIANG

虞籍院士
风采录

用脚步丈量祖国的山山水水

——记中国科学院院士陈梦熊

陈梦熊（1917.10—2012.12），出生于江苏南京，祖籍浙江省上虞县百官镇（今绍兴市上虞区百官街道）。九三学社社员。中国水文地质、工程地质事业的开创者之一。1942年毕业于西南联合大学理学院地质地理气象学系，毕业后曾担任国民政府经济部中央地质调查所技佐、技士。新中国成立后，历任中国地质工作计划指导委员会工程师、地质部宝成线工程地质队主任工程师、地质部水文地质工程地质局主任工程师、副总工程师等职，主管水文地质科技业务，领导完成全国区域水文地质普查工作。20世纪80年代以来，又致力于地下水资源与环境水文地质问题的研究。在国内外学术刊物上先后发表论文140余篇，完成国际水文计划（IHP）两项国际合作研究课题，代表性著作有《中国水文地质环境地质问题研究》《中国地下水资源与环境》及《中国水文地质工程地质事业的发展与成就》等。曾先后获科学大会奖，国家科技进步二等奖，地矿部科技成果二等奖、三等奖，何梁何利科技进步奖等。

1991年当选为中国科学院（地学部）学部委员（院士）。

　　我们采访组北方之行的第一站，是赴天津采访陈梦熊院士的亲属。2020年9月7日的傍晚，我们在天津中医大学附属医院急诊室见到了陈泽行先生和他的夫人陈志绣女士。陈泽行是陈梦熊院士的次子，他因身体不适，正在医院接受检查。其间我们曾为采访陈梦熊院士事迹的事与陈泽行先生有过多次沟通，最后才确定在他住院的急诊室见面。

　　见到老家上虞的乡亲专程来医院看望他，陈泽行先生显得很激动，他紧紧地握着我们的手说："谢谢、谢谢，请你们回上虞后，一定要代我全家向家乡的父老乡亲问好。"说毕，又在我们递上的签名簿上题上"祝家乡上虞越来越好"的祝愿。

活泼烂漫的俊朗少年

　　从20世纪40年代开始，陈梦熊即全身心投入地质调查与研究工作，在漫长的职业生涯中，他撰写发表了大量地质考察报告和学术研究论著，在地质事业上作出了较大贡献。陈梦熊主要成绩和学术思想在其人生的各个阶段都有不凡体现，陈梦熊的一生是为地质事业而奋斗的一生。

　　陈梦熊出生于一九一七年农历八月廿七日。一九一九年中华民国教育部将农历八月廿七日定为"孔圣诞假期"，并规定此日为教师节，所以他幼时便知道，各地祭孔活动开始了，他的生日也就快到了。这是一个巧合，却也在无意中昭示了陈梦熊的人生是和不断的求知求学紧紧相连的。

陈梦熊（被抱者）与兄弟姐妹们在一起

陈梦熊诞生于一户基督徒家庭，全家敦睦友爱，虔诚信教的父母养育了10个孩子，在5个兄弟中陈梦熊排行第四。陈家到了祖父陈玉兰一代，财产仅剩一条木头运输船，上虞曹娥江与杭甬大运河相连，陈家就靠从上虞到宁波之间从事运输维生。父亲陈金镛被送入免费的教会小学曹娥义塾，后就读于杭州之江学堂，曾在南京金陵神学院任教和在上海广学会等处任职，关注教会自立运动，在宗教界颇有影响力。因陈梦熊的三哥陈梦家娶妻赵萝蕤，陈金镛与赵萝蕤之父——基督教著名人物赵紫宸成了儿女亲家。

陈家1907年从宁波迁往南京，后又到上海。陈家子女多，父母难以顾及，年幼孩子就由已经工作的年长孩子培养。陈梦熊到了入学年龄时，在国立东南大学（后称中央大学）实验学校当音乐教员的三姐陈郁磐提出，让陈梦家和陈梦熊回到南京，由她负责照顾，陈梦熊就在这六朝古都度过了快乐的童年和少年时代。1923年—1930年，陈梦熊在南京中央大学实验学校念小学；1930年—1936年，陈梦熊进入金陵大学附中读中学。受教于这两所学习条件良好的南京名校，为他今后的成才打下了扎实基础。

中学时代对陈梦熊的影响很大，金陵中学的特色就是重视体育教育和英文教学，课外活动十分活跃，师资雄厚，设备齐全。少年时的英语强化训练让陈梦熊受益终生，他上大学时许多专业课程用的都是英文教材，陈梦熊学习起来就很方便，毕业以后凭借突出的专业功底，加上优异的英文成绩，陈梦熊顺利考入中央地质调查所。英语的熟练掌握，也使陈梦熊的知识能够中西兼备，学养日渐丰厚。改革开放以后，国际间学术交流日益频繁，陈梦熊在多次国际学术会议上发表英文论文，为宣传中国的科学成就、提高中国在国际学术界的地位作出了贡献。

从少年起，陈梦熊就喜欢体育，养成了热爱运动的好习惯，这不仅让瘦弱的陈梦熊逐渐强壮，长成了一米八的魁梧高个儿，也使他的性格更加热情博雅。陈梦熊能长期在辽阔的大西北从事野外地质矿产调查，在崇山峻岭中跋山涉水，在戈壁沙漠日行数十公里，与他从小爱好运动是分不开的。当然，三姐的影响也是不容置疑的，因为陈郁磐是一个思想进步的教育改革家，曾同著名教育家陈鹤琴（也是上虞百官人）、陶行知等人组织教育改革研究会，并协助陶行知创办晓庄师范。三姐在生活上抚育弟弟的同时，在思想上也深深地感染着少年时期的陈梦熊。直到晚年，三姐教的《劳动歌》《满江红》《寒衣曲》等歌，陈梦熊还能轻轻吟唱，劳动神圣与爱国主义等人生要义早已由歌入心。

走上专业学术之路

如果说，学而能奉献是最美的境界，那陈梦熊早期的诗篇人生，就是从精彩的大学生活翻开的。

1937年初夏，陈梦熊高中毕业来到北平，其时三哥陈梦家正在燕京大学任教，他认为地质学与开发矿业密切相关，是国家经济建设的重要组成部分，所以建议弟弟报考北京大学地质系。没有想到的是日本发动了全面侵华战争，7月7日卢沟桥边的隆隆炮声，瞬间打断了学子的求学梦，陈梦熊只好随三哥一家在战火下往南逃亡。1938年，他在上海考入抗战爆发后三校合并设在昆明的西南联大地质地理气象系，主修地质学专业，这也是之前三哥陈梦家推荐他学习的专业。当时东北被日军占领，国家急需石油、煤炭、钢铁等物资，来大力开发大西北。一心想为国家抗击外侮出力的青年学子陈梦熊，就这样走上专业学习之路，并坚定信念，为之奋斗一生。

对一个科学工作者来说，大学时代是一生中的关键时期。陈梦熊的专业知识在此获取，打下了扎实的理论基础，而且一、二年级所学的基础课程，如物理学、数学、语文等，都是由一流的教授讲解，也极大地开阔了陈梦熊的眼界。

刚入大学时，陈梦熊还选择了陈岱孙的经济学、雷海宗的中国通史等课程，这些著名教授的精彩讲授给他留下了深刻印象。1940年，陈梦熊还首次登台，扮演了田汉改编的《阿Q正传》中的赵秀才，参加了《放下你的鞭子》等"活报"剧即街头剧的演出。爱好文艺的陈梦熊踊跃参加各种进步的学生活动，培养了积极向上的正义感。

陈梦熊回忆，四年大学期间，地质专业有7个班次约160人，专业老师就有20位，即一位老师带领8名学生，保证了较高的教学质量。1940年9月联大地质学会成立，陈梦熊担任了第一届干事会主席，学会经常组织学术报告会，帮助学生更好地理解地质工作的特点。昆明又是个学习地质的好地方，附近的西山及滇池，俨然一个天然的地质博物馆。陈梦熊第一次跟着张席禔教授看到瓦窑村的禄丰恐龙化石骨架时，感觉非常震撼，在老师的带领下，他参加了很多野外实习活动，认识了各种岩石、地层与构造特征，加深了对地质工作的理解。

陈梦熊性格开朗，社交广泛，大学同学中对他影响较大的有莫家鼎、顾知微、刘东生、李炳泉；恩师中有知名教授王烈、王恒升、冯景兰、赵九章等，他们学识渊博，都是当时国内各有关学科的权威学者。其中袁复礼、米士（德国籍）、系主任孙云铸对求学期间的陈梦熊影响最大。他清晰地记得米士的教导："做地质工作，光用眼睛在远处看是不够的，必须到跟前，用铁锤亲自打下岩石标本，仔细观察后，才能得出正确结论。"地质地理在当时也算是冷门专业，但在名师的鼓励下，陈梦熊潜心向学，坚定了自己要走的道路。

成为地质工作者

纯粹的专业学习对陈梦熊深入理解地质学大有裨益，更重要的是，青年时期的良好教育让他找到了自己面对世界的方式，懂得了一步一个脚印地实干，体会到了创造的乐趣。

1942年，陈梦熊大学毕业，顺利考上了位于重庆的中央地质调查所。中央地质调查所前身为1912年1月成立的南京临时政府实业部矿务司地质科，几经演变成为中国地质界的权威机关，章鸿钊、丁文江、翁文灏等地质大师级人物都曾负责过业务，那里不但聚集了众多权威的专家和学者，学术氛围浓厚，还会有很多去全国各地进行野外考察的机会，是青年地质工作者心驰神往的地方。陈梦熊入职时的所长为李春昱，陈梦熊被分配到黄汲清任室主任的区域地质调查室。在所里工作时，陈梦熊大部分时间是在野外从事地质矿产调查，跟着老一代地质学家近距离学习，度过了将近10年的"学徒"生涯。

1942年经济部拨给地质所一笔经费，要求调查贵州省的地质矿产资源，陈梦熊参加了古生物学家王钰带队的贵州东北部地区野外考察小队。10月初陈梦熊的第一次出差就是跟随王钰调查研究西南地区的矿产资源，研究黔北的下古生代地层，这次出行野外直到第二年2月才回到重庆。由于日军的封锁，西南地区缺少石油，陈梦熊一行坐的汽车要靠烧木炭驱动，而且一路还会遭遇穷凶极恶的土匪，工作环境极为危险和艰苦，但陈梦熊跟着前辈专家克服困难，为日后的深入研究收集了很多一手资料。

随着抗战形势的变化，西北重镇兰州成为抗战时期国民政府的重要据点。中央地质调查所一向紧密配合国家建设的需要，也开始加强西北各省的地质矿产资源调查，并决定在兰州成立地质调查所西北分所，陈梦熊成为建立西北分所时派到兰州去的第一批人员。

1943年4月，他们一路颠簸十几天，从重庆到达兰州，着手筹建西北分所的工作。地质调查所的重要力量大多转到了兰州，分所下设五个工作室，大家齐心协力，有计划地开展西北地区的区域地质和矿产资源调查。所里学者曾经全体出动，首先开展甘肃全省比例尺1：20万的地质填图，测绘地形地质图，这项工作为编制出版全国1：300万地质图与1：100万分幅图提供了基础资料。

在区域调查之余，陈梦熊还对兰州一带的地形产生了兴趣，进而做了深入研究。那里的地形一眼望去呈现黄、红、黑三种颜色，黄色是黄土，红色是红层，黑色是黄河边上的变质岩，看似单调乏味，但深入到野外实际工作后，陈梦熊发现兰州的地质问题非常复杂，值得研究，他早期的学术成果，也以兰州一带的变质岩研究为主。

祁连山范围辽阔，地形复杂，中国学者一直没有组织过考察队进入其中。为开发西北，1945年6月，陈梦熊参加了以王曰伦先生带领的祁连山综合考察队，这是国内第一个横跨祁连山的地质调查队，30多个队员中陈梦熊年纪最小。那里是风沙大漠，也是寒烟戈壁，考察队日夜奔波，风餐露宿，获得了大量的基础资料。

到西北以后，陈梦熊先后追随路兆洽、徐铁良等著名地质学家进行区域地质和煤田地质调查。在西北工作期间，陈梦熊开始发表地

1945年，陈梦熊赴祁连山调查笔记

质方面的文章，将实践和思考化为文字，成为他在艰苦岁月里的别样快乐。可以说，在兰州时期陈梦熊就进入了学术产出期。他的关于西北区域水文地质方面的研究性文章作为论文提交给中国地质学会第21次年会，1943年—1944年间，陈梦熊又写成《甘肃中部之地文》，阐述了与前人不同的认识，体现了他的独立思考能力，他在《地质论评》上也发表了一些文章。陈梦熊早期发表的论文，大多得到了地质所中老一代学者的精心指导，他用英文写《甘肃中部皋兰系变质岩之初步研究》一文时，老专家程裕淇就帮他一字一句地修改。得益于老师的悉心指导，陈梦熊在学术上快速成长。

名师带出的高徒

抗战胜利后，当时国内开发大西北的热潮暂时告一段落。1945年冬天，陈梦熊受命离开兰州回到重庆，工作也从野外改为室内编图为主，直到1946年五六月间回到南京。这段时间他居住在北碚，主要是跟随区域调查室主任黄汲清从事地质的编图与绘制工作。

地质图是地质矿产工作的基础，根据地质图不但可以看出地质构造、岩层分布、地史演变等情况，而且可以推测某种矿产资源的可能存在地区，作

为进一步开展矿产资源调查的依据。与此同时，地质图在铁路、公路、水利等工程建设上也是不可或缺的。陈梦熊在中央地质调查所工作期间，主要的精力就用在了地质图的编绘与出版工作上，这期间的工作，陈梦熊深受恩师黄汲清的影响。黄汲清工作严谨，经常会抽查工作记录本，非常重视对所内年轻人野外地质调查基本功的训练。绘制地质图时，一旦发现重大错误，黄汲清就会毫不留情地在图上画一个大叉，严厉地说一声"重画！"1946年陈梦熊随所回到南京，继续从事黄汲清先生主持的中国地质图编图工作。绘制地图工作烦琐枯燥，但正是通过这项工作的训练，陈梦熊有机会掌握了全套的编图方法与印制技术，为他后来从事水文地质图的编制工作积累了重要的经验。也正是在黄汲清等先辈的严格要求下，陈梦熊等年轻人才能逐步养成认真细致和一丝不苟的科学精神。

1949年前后，陈梦熊还跟随侯德封、谢家荣等老一辈地质学家，先后到三峡和抚顺煤田从事工程地质工作。当年的三峡工程带动了中国工程地质的发展，颇有文才的陈梦熊参加了坝址勘测后曾赋诗：巨砾成悬崖，大江石门封。三峡万重险，惟吾首其冲。三峡风光好，峭壁山峰高。急流浪涛凶，白帆点点飘。离开学校以后，陈梦熊有很长一段时间都是与老一辈科学家一起进行野外工作和室内研究，这段经历为他后来开创新的地质学领域并取得丰硕的成果打下了扎实的基础。

中华人民共和国刚成立时，全国有十几个地质调查研究机构，地质人员主要集中在位于南京的地质调查所、地质研究所、矿产测勘处这三个国家级的地质学研究机构。经过机构统一和人员分流，1952年8月，国家地质部成立，陈梦熊被分配到地质部工作，把家搬到了北京，从此再也没有离开过首都北京。

开拓地质新领域

20世纪50年代，为了配合国家建设，水文地质、工程地质工作迅速开展起来，由于中国学者对这些领域并不熟悉，地质部就邀请了大批苏联专家前来指导工作，帮助开拓很多新的专业领域。陈梦熊第一个接触到的苏联专家是华库连柯，接触最多的是克利门托夫。跟着这些专家，陈梦熊学到了很多，如新构造专家高什科夫带来的新构造研究的基本理论和研究方法，这对陈梦熊地震研究方面的启发很大。他虚心认真地跟着苏联专家开展规范的勘察工作，收集工程地质资料，逐步掌握矿床水文地质学的新学问。

在地质部，陈梦熊担任的第一项工作是负责天成、宝成铁路新线工程的地质勘测工作，这是我国兴建的第一条横跨秦岭复杂山区的铁路新线。陈梦熊担任了地质组组长兼技术负责人，在苏联专家的指导下，边学边干、边积累经验。从1951年到1955年，陈梦熊大部分时间在野外度过，经过艰辛努力，终于完成了铁路从选线到技术设计阶段的全部勘测任务。正当陈梦熊总结经验，潜心编写《铁道工程地质学》，准备一辈子与工程地质打交道时，一项新的更加重大的任务正在等待着他，也促使他成长为中国水文地质的开拓者。

20世纪50年代中期，全国范围内都在进行经济建设。城市建设、农业灌溉、矿产开发、水利工程、交通工程等，各种基本建设都急需了解水资源的情况，当时各行各业都在制订远景规划，也迫切需要掌握全国区域水文地质资料。根据国家的要求，组织上要求陈梦熊来负责全国区域水文地质普查。为了完成这项任务，陈梦熊花了近30年时间，倾注了大量心血。

水文地质学是从国外引入的一门地学新兴分支学科，是研究地下水的自然现象、形成过程、基本规律、测量方法及其与自然环境、社会环境关系的综合性边缘学科。当时水文地质学在国内正处于学习和摸索阶段，对陈梦熊来讲也是一个陌生的领域，一切得从头学起，要领导完成如此庞大、繁重的任务，肩头的担子何等艰巨。好在那时他已经有了10多年的工作经验，又有着一股子不服输的劲头，他就下决心要在这一新兴领域干出名堂。

要普查，首先要有专门的人才。普查地点选在哪里？当时西北地区的水文资料还是一片空白，因为柴达木地区较具代表性，陈梦熊力主在此开展工作，自告奋勇担任领队，承担起筹建青海省第一支水文地质队——柴达木水文地质队的任务，成为编号为963队的副队长和技术负责人，这支队伍也成

1957年，陈梦熊在冷湖进行水文地质调查

为我国大规模组队进入柴达木考察的先驱。经过大家的努力，考察队完成了冷湖地区比例尺1：20万的两个图幅的普查任务，其他工作也步步跟上。1957年1月，在《水文地质工程地质》杂志创刊号的封面上刊登了柴达木钻机的照片，陈梦熊撰写的我国第一篇区域水文地质文章也在这期刊物上发表。

队伍有了，专业知识等业务"软件"更需配置好，陈梦熊为此做了大量基础性和开创性工作。新中国成立后新开办的地质院校虽然建立了水文地质专业，但使用的教科书却是从"老大哥"苏联翻译过来的。为了创立有自己特色的水文地质学，根据区域水文地质普查等工作的初步成果，在充分搜集国内勘察资料的基础上，1959年，陈梦熊与同事们合作出版了中国第一本完全利用本国资料所编写的《实用水文地质学》，作为向新中国成立10周年的献礼作品。

从20世纪50年代到60年代，国内采用的以苏联为蓝本的普查规范已经难以满足我国实际应用的需要，陈梦熊于60年代又组织编制1：100万的黄淮海平原与松辽平原的水文地质图系，这是我国最早按自然单元编制出版的小比例尺图系。在1978年召开的全国科学大会上，该图系荣获全国科学大会奖，地矿部水文地质局、水文地质研究所两个单位获奖，作为负责人的陈梦熊也受到了表彰。

20世纪70年代初，陈梦熊结合我国实际，编辑出版《综合水文地质图的编图方法与图例》，首次运用迭置方法，反映多层含水层的三维特征，创立了一套具有中国特色的彩色水文地质图编图方法，在全国得到广泛应用，取得良好效果。他还发表了多篇有关区域水文地质研究的论文，汇编出版

《区域水文地质普查》《区域地下水资源评价问题》等论文集。

围绕全国区域水文地质普查工作，陈梦熊填补了多项国内空白。1947年陈梦熊在黄汲清领导下继续编制我国第一幅比例尺1∶300万的中国水文地质图；创立了地下水天然资源与开采资源的新概念，组织各省首次完成了全国地下水资源的计算与评价；与北京大学合作，创办了我国第一个遥感水文地质培训队，培养了我国第一批遥感水文地质技术人员，使遥感技术在普查工作中得到普遍应用，并在此基础上编制了《我国北方典型水文地质遥感图像集》，促进了遥感水文地质这一新学科的发展。

从20世纪50年代起到1982年，陈梦熊致力于发展我国水文地质事业，为专业队伍建设和业务建设付出了近30年的不懈努力，终于按计划完成全国区域水文地质普查任务，荣获国家科技进步二等奖。在人生的这一重要阶段，这位地质部水文地质工程地质局的高个子科学家，几乎用脚步丈量了一遍国土，走遍了万水与千山，成为科学界的"当代徐霞客"。

投身现代水文地质学

20世纪80年代初，陈梦熊退居二线。但在祖国水文地质领域打开一片天地的他仍然孜孜不倦，又开始了新一轮的耕耘。当时的国际水文地质学已经发展到了一个新的阶段——由区域水文地质学、农业水文地质学等传统水文地质学，转向了以环境水文地质学和水资源水文地质学等为标志的现代水文地质学。年逾花甲的陈梦熊迎头赶上，勤奋学习国外先进知识，取得了不少研究成果。他系统地发表了多篇有关环境水文地质方面的论文，提出环境水文地质学的基本概念与研究范畴，汇编出版《环境水文地质问题》论文集，推动了我国环境水文地质学的发展。《中国水文地质环境地质问题研究》、《中国地下水资源与环境》（英文），成为他新时期的代表性著作。

抓住新时期好机会，陈梦熊出访了一些国家，参加一些国际性的学术会议，增进了与外国同行之间的交流，扩大了眼界，开阔了思路，了解了国际水文地质学的最新研究成果。

1982年，陈梦熊在英国参加第一届国际水文科学大会时，从荷兰著名学者英格仑教授的报告里，首次听到"地下水系统"这一崭新的理论，引起了这位中国科学家的极大兴趣。为将这一水文科学的先进理论引进国内，陈梦熊回到北京后，先是系统搜集整理国外有关文献，编印出版了《地下水系统理论研究论文选编》。在此基础上，他通过分析比较各国对地下水系统理论研究的最新动向和不同观点，发表论文《地下水系统的基本概念与研究方法》，并阐述了自己的认识与见解；邀请地下水系统的权威学者英格仑教授来华讲学；在武汉地质大学（中国地质大学前身）开办专门培训班，传播新学说。

除了理论学习，陈梦熊还投入实践。他利用参加会议的机会，主动要求参加以英格仑教授为首的国际水文计划（IHP）——"地下水流系统研究"的专题工作组，承担亚洲地区的典型实例研究。其所写论文《华北黄河平原地下水系统》（与人合著），被列为全球六大实例研究之一。为了研究地下水系统由于水资源开发可能引发的各种环境效应，他参加国际水文计划关于"水资源开发的环境效应与管理"的国际协作课题，组织我国专家共同承担该课题的地下水部分。这项研究成果已由国际水文科学协会公开出版，受到国外同行的好评。陈梦熊先后在国际会议上发表《河西走廊水文系统分析》《西北干旱区水文系统与生态环境》等论文，对该新课题的研究臻于精深。

陈梦熊院士在讲学

自20世纪80年代以来，他在致力于地下水资源、地下水系统与环境水文地质的研究，掌握了地下水系统理论的同时，积极倡导和推广地下水系统理论在水资源计算中的实际应用，在江苏、河南、吉林、青海等许多省市收到明显效果。

退休后的陈梦熊老当益壮，20多年间发表论文140多篇，其中包括英文论文20多篇，并完成两项国际合作课题。他还曾出访英国、荷兰、德国、芬兰、苏联、美国、泰国、印度尼西亚等国家，参加重要国际学术会议10余次。到了耄耋之年的他，虽然行动不便，但依然自我加压，在接受咨询、担任顾问的同时，制定一套新的水文地质图和水资源水文地质图的编图、制图方法；另外还完成《我国水文地质工程地质事业发展史》等专著的编写工作。

1991年11月，经过严格的审核与评选，陈梦熊以丰硕的学术成就从地质部几十名候选人中脱颖而出，光荣当选为中国科学院院士。那一年，他还奔赴河南新乡水文地质大队亲自主讲学术报告，12月时，还参与主持亚洲地质图编图会议的准备工作，真可谓"老骥伏枥、壮心不已"。2005年，陈梦熊获得德国地质学会颁发的该年度利奥普德·冯·布赫奖章，这是在国际地学界享有极高声誉的专业奖项。2006年，陈梦熊又获得了何梁何利基金科学与技术奖，这个奖项再次证实了陈梦熊在水文地质学的学科理论创建、研究方法及其理论应用等方面所作的重大贡献。

家是事业成功的出发地

家，在陈梦熊眼里，永远是心灵休整的港湾，是事业腾飞的臂膀。

陈梦熊有幸出生于自由、博爱意识浓厚的大家庭，无论遇到什么困难与挫折，家里人都能互相帮助、提供支撑，自力更生、苦乐共担，纯洁的爱滋润了每一个家庭成员。

对陈梦熊影响较大的是长他6岁的三哥陈梦家。陈梦家在诗歌、考古、铜器、古文字等众多文化领域都有很高造诣。陈梦熊在文艺方面的兴趣爱好很大程度上来自陈梦家的濡染。陈梦熊晚年时，故乡绍兴的记者曾对他有过一次专门采访，其中问他写那么多文章、出那么多著作，这种文字上的爱好、写作上的擅长，是否受到陈梦家的影响？陈梦熊响亮地回答："我想是

1947年，陈梦熊（后排右一）五兄弟与母亲合影

的！"陈梦熊非常怀念这位才华横溢的兄长，同时也为拥有这样的亲人而自豪。

得到浙江绍兴上虞政府和社会热心人士的支持，陈梦熊祖母、父母的坟墓合迁到了上虞百福陵园内。2012年4月28日，陈梦熊次子陈泽行代表家族，前往祖籍地上虞参加了隆重的陈氏故人立碑仪式，墓碑上镌刻的"和谐家庭之光纪念碑"九个字，似乎映照出了这个不平凡家庭的和谐之光芒。

陈梦熊出生在南京，工作地主要在北方，但作为一位游子，他的心却与家乡上虞紧紧联系着。据他的日记记载，1960年6月曾有一次故乡行，那月13日他到达杭州听取浙江队汇报工作，21日到宁波调查深甽矿泉（南溪），22日到达绍兴考察漓渚铁矿，25日到达江山考察道塘山煤田，28日考察和平铁矿，那几天的工作行程排得满满当当。

1990年11月，陈梦熊赴上海、杭州等地，参加城市地质灾害防治对策会，年底回到上虞。1998年，陈梦熊赴杭州，并在上虞参加政府组织的"五引洽谈会"。相隔三年后的2001年11月，陈梦熊再次应邀到上虞，参加了上虞科技节暨春晖中学80周年校庆活动。2005年6月，陈梦熊赴宁波沙孟海书学院出席沙孟海105年诞辰纪念会，又顺道回到家乡上虞省亲，与上虞当地政府负责人交流畅谈，参观了上虞的市容和开发区的建设状况。同年12月，他被聘为上虞市政府顾问，为家乡发展建言献策。2007年8月，陈梦熊向上虞市档案馆捐赠著作三本，那年10月，他接受了《绍兴日报》的记者采访，一诉爱乡情结。陈梦熊虽与家乡远隔千里，但他的怀乡之情始终不变，游子身上永远回荡着对家乡发展的关心与牵挂。

1947年，陈梦熊经同学介绍认识了沙频之，1948年9月两人成婚于南京。沙频之小陈梦熊五岁，出身名门，是著名书法家沙孟海的第二个女儿，毕业于中央大学物理系，后来供职于北京地质学院物理教研组、中科院物理所第三室等。生活中夫妻恩爱，家庭和睦，两人育有思行、泽行两个儿子，后代也都积极向上，事业有成。

陈梦熊长年奔波在外，顾不上家里的大小事务，沙频之辛苦工作之余还要挑起家庭重担，在大力支持丈夫事业的同时，沙频之付出了很多，作出了不少牺牲。陈梦熊曾屡次受到政治运动的冲击，但他很长时期在野外工作，身处大自然中某种程度上也缓解了压力，而沙频之本人在"文革"中也受到不公正待遇，又要承担因丈夫而导致的压力，所以身体和精神状况在中年后每况愈下，终在1984年7月因病去世。

1987年8月，陈梦熊与邹学雯结婚，在夫人和后辈等家属的鼎力支持下，陈梦熊晚年还能够深入钻研业务、再创事业辉煌。2011年秋天，已不良于行的陈梦熊不能亲自到达地质学史年会会场，但他还是坚持提交了《中国地质图书馆的坎坷经历与发展前景》的论文。陈梦熊于2012年12月28日离开人世，为事业奋斗到了生命的最后一息。

生平只负云小梦，一步能登天下山。陈梦熊用一生的时间，将足迹留在了大江南北和高山大川，以一代地质学家的科学之情深吻辽阔的祖国大地。

参考文献：

1. 陈梦熊口述，张九辰访问整理：《我的水文地质之路——陈梦熊口述自传》，湖南教育出版社，2013年7月版。

2. 张九辰：《山水人生——陈梦熊传》，中国科学技术出版社，上海交通大学出版社，2013年5月版。

3. 黄汲清：《我的回忆——黄汲清回忆录摘编》，地质出版社，2004年6月版。

4. 周国勇、邵肖梅、潘琼英：《科学界的"当代徐霞客"》，《绍兴日报》，2015年12月5日。

桃李不言　下自成蹊
——记中国科学院院士徐如人

徐如人，1932年3月出生，浙江省上虞县（今绍兴市上虞区）下管镇人。无机化学家，国际著名分子筛与多孔材料学家，我国"无机合成化学"学科的创建者和奠基人，水热合成化学的开拓者。1952年毕业于上海交通大学化学系，曾任吉林大学化学系主任、合成与催化研究所所长等职。1998年当选为国际分子筛协会（IZA）理事，2007年任第十五届国际分子筛大会的组织委员会主席。曾先后担任第六、第七、第八和第九届全国人民代表大会代表，第八、第九届吉林省人民代表大会常务委员会副主任。先后发表论文600余篇，撰有《沸石分子筛的结构与合成》《无机合成与制备化学》《分子筛与多孔材料化学》等14部中英文学术著作。曾获国家自然科学奖4次，国家教委与教育部科技进步奖一等奖4次，1995年获何梁何利基金科学与技术进步奖，2016年获首届"吉林大学终身成就奖"，2017年获首届"中国分子筛终身成就奖"。

1991年当选为中国科学院（化学部）学部委员（院士），2003年当选为第三世界科学院（TWAS）院士。

2019年2月24日下午，第十六届（2018）感动吉林年度人物颁奖典礼在长春国际会议中心举行。吉林大学化学学院创建者之一，我国著名无机化学家、中国科学院院士徐如人先生获得了第十六届（2018）感动吉林年度人物称号，颁奖词如下：

存"仁人恻隐"之心，行"民胞物与"之志。

桃李不言，下自成蹊，六十载治学生涯谱就传奇，无数座学术丰碑挺起未来。

先生精神，长夜传灯，科学幸甚，国家幸甚。

这段话，是徐如人先生人格和精神的真实写照。

颠沛的学生时代

徐如人的童年生活颠沛流离。那是个战火纷飞的年代，日寇的铁蹄蹂躏着中国的土地。5岁那年，他与两岁的弟弟及父母跟随当时浙江省政府、国民党省党部机关一起内迁到浙西南山区永康、云和一带。"那个地区非常艰苦，什么交通工具也没有，上小学中学基本上没什么很正规（的学校），我们跟着国民党的省政府跑，他们那时候办了一些中学和小学，也很不正规，日本人一会儿打来，一会儿轰炸，我小学中学基本上没好好念，真正念得正规一点的，是回杭州以后念了三年高中。"徐如人院士回忆说。没有书本，山洞、寺庙就是教室，连老师都不固定，但老师里有大学教授、著名学者和留学生，他们跟随省政府内迁，在中小学校谋生计，这些人的学识、修养对徐如人产生了重要影响。

徐如人的父母早年留学日本，回国后投身于孙中山领导的国民革命，母亲刘谱人曾担任浙江省立高级助产学校校长，并于1948年当选为国民党首届民选立法委员，后跟随国民党政府前往台湾，当时一家人谁也没有想到，这一分离就是一辈子，从此母子再也没有见过面。父亲徐浩，抗战期间担任国民党浙江省党部书记长，抗战胜利回杭州不久，就积劳成疾患胃癌去世了，那时候徐如人才15岁。

1947年徐如人（倒数第二排左一）与建国中学级友合影留念

抗战胜利后，徐如人就读于杭州建国中学，并于1949年考入上海复旦大学化学系。一年后，经过严格考试，徐如人转入上海交通大学化学系。当时的上海交通大学化学系，会聚了顾翼东、朱子清、苏元复等著名教授，这正是徐如人所向往的。大学生活异常艰苦，他回忆说："读大学时没有一点经济来源，完全依靠自己做家庭教师或勤工俭学，或到中学去帮助人家代课挣一点钱，弟弟那时参加解放军了。"生活的磨砺让徐如人变得坚韧。

创业的艰辛

在如今的吉林大学化学学院内，人们经常会看见一位精神矍铄的老者，缓步行走在校园里。他目光坚毅，面容慈祥，步履坚定。这位见证了吉林大学化学学院从无到有、从弱到强的老者，把自己的终身献给了吉林大学和我国的无机合成化学事业。

时间回到 1952 年 10 月 11 日，一位衣衫单薄的年轻人，走下了从上海至长春的列车。北国的冬天寒冷刺骨，他把随身携带的棉被牢牢裹在身上，坐上一辆平板马车，这是学校派来迎接他们的"专车"。

那年 10 月，徐如人大学提前毕业，他原本有机会留在上海工作，但他清楚地知道，新中国工业羸弱，国家发展需要人才。怀揣着科学报国的决心，他来到了这所吉林大学的前身——东北人民大学。"就是响应国家号召。"多年后，谈及这一选择，徐如人平淡地说。

当年，东北的工作环境十分艰苦，很多从南方来的同事，最后由于气候、地域以及生活条件等原因陆续离开了，但徐如人却坚守了下来，一留就是近七十年，"这个地方要是人都走了，谁来管？"他说。

当时学校条件异常艰苦，百废待兴，徐如人参与到了化学系创建的艰苦工作中。他们把地下室的杂物清空，作为实验室；实验桌是用木板搭建的；把墨水瓶洗干净，倒入酒精，再放一个灯芯，就是酒精灯；没有实验设备，就自己动手做。在他们的共同努力下，化学系首届学生的第一堂实验课终于如期开课。"当时化学系就是一栋灰色小楼，我们和唐敖庆教授等老师挤在一个狭小的办公室里，但他们都没什么架子，遇到我们不懂的，他们都会尽心指导。"回忆当初创建吉林大学化学系的情景，徐如人感慨地说。当时北京等地调去了一批老教师支援东北人民大学，唐敖庆教授原来是北京大学的，自愿去支援东北。那时候的徐如人，把全部精力都投入到了教学和实验中，为了完成实验，他常常顾不上吃饭，饿了就把玉米饼在石棉网上烤一下充饥。

第二年，徐如人走上讲台，给物理系 1953 级学生讲普通化学。第一次走上讲台，徐如人很紧张，他担心自己的业务能力不能胜任教学和科研，因此发奋学习。当时普通化学没有教学大纲，没有教材，为了学习苏联的课程，教师们突击学习俄语。徐如人到东北后，先学习了一个月俄语，他从来没学过俄语，一切从零开始，每天学一百个单词，一个月后就开始翻译书了。"我们那一届学生，只读了三年就提前毕业，投身于国家各个工作岗位。2010 年我被评为上海交大的'杰出校友'，当时上海交大的校长把我当年的成绩单作为礼物赠送给我时，上面只有5个学期的成绩，我自己都感觉不好意思。"徐如人谦逊地说，"所以当时我的基础并不好，可以说是'蜀中无大将，廖化作先锋'，那时候真的是拼命地学习和备课，因为我知道自身的不足，我只有十倍百倍地努力，来做好这件事情。"

为了讲好课，他拼命备课。从给物理系学生讲普通化学开始，每一门课他都力求每个学生都能弄懂弄通，为此，他还经常向其他老师请教，共同探讨，反复试讲，以求最好的教学效果。徐如人从教60多年来，共讲授了十几门课程，在他所讲过的课程中，几乎没有一门课程是重复别人的内容去讲授的，都是自己的原创课程，是他以常人难以想象的毅力，伏案苦读、钻研之后的呕心沥血之作。

1956年暑假至1958年春季，徐如人被学校派往复旦大学进修，徐如人显示出了在化学方面的天赋。在顾翼东教授的指导下，徐如人系统研究了钼、钒两种我国丰产的金属资源的提取与分离，实验获得了成功。他的科研能力得到了锻炼和提升，这也是他迈向无机合成与制备化学研究的第一步。

1958年，他完成了具有较高水准的两项研究成果《1∶3多钒铵酸的制备与应用》和《黄钼酸的制备与脱水》，发表于《科学通报》，并被辑入联邦德国《盖默林无机化学手册》。但就在他刚刚承担与攀枝花钒钛铁矿综合利用有关的国家重要基础研究任务不久，"文化大革命"开始了，他的工作被迫中断。

磨难中的坚韧

由于家庭背景复杂和母亲在台湾等原因，"文化大革命"爆发时，徐如人被当时的"群专"组织以"特嫌"的罪名进行关押、隔离审查和批斗。其家人也遭遇到了不公正的待遇。谈起这段人生中最黑暗的岁月时，徐如人面容平静，他说："我在1968年被关了起来，1969年12月份下乡，跟我爱人庞文琴老师一起回到学校时，已经是1972年的12月，当时我爱人可以上课，但我的教师身份还没有恢复，是校办工厂的工人，到'四人帮'倒台，我一直工作在校办稀土厂。"事实上，一年多的关押、批斗，对徐如人的精神造成极大的摧残，他的精神几近崩溃，甚至想到了自杀。

好在他有家庭的温暖，有妻子的陪伴。

妻子庞文琴1952年从东北师范大学提前毕业，分配到东北人民大学化学系，和徐如人等一道，参加了化学系的创建工作。1960年1月，徐如人和庞文琴在长春举行了简朴的婚礼。在漫长的人生岁月中，这对夫妻相濡以沫，同甘苦，共患难，从未分开。

被隔离审查了一年零一个月后，当时的学校革委会根据上级"五·七"指示，把徐如人等一批被批斗的干部和知识分子下放到农村接受贫下中农再教育，进行劳动改造。1969年12月到1972年12月，徐如人被下放到吉林省扶余县三井子公社插队落户，妻子庞文琴不离不弃，携儿带女与徐如人来到农村，一起在两小间土房中走了三年"五·七"道路。

徐如人插队的农村，蕴藏着丰富的石英砂，当地大片的盐碱地中也蕴含着大量的纯碱。插队落户期间，徐如人并未就此消沉，他看到了当地农村和农民的贫困，决心用自己的化学知识，为当地农村发展经济作点贡献。在公社干部、工人师傅的支持和一些"五·七"战友的帮助下，他们在当地粮食加工厂建起了一个锅炉，自己设计，并由工人师傅焊接成了一个180立升的水热反应釜，利用本地的石英砂和碱，生产水玻璃。经过反复试验，他们成功生产出了模数较低的水玻璃，为当地农村取得了一定的经济效益。这个反应釜，尽管是用土法制作的，但却很有意义，它是我国第一个土法加工而成的加压水热反应釜，也是徐如人从事水热合成化学的开端。

这段经历在磨砺他的同时，也让他损失了人生中最宝贵的十年。回忆起这段人生历程，徐如人感慨地说："十年动乱的教训实在沉痛，作为科学家，不能只计较个人的苦难，主要是国家和民族损失了最可贵的十年。"在后来的几十年里，徐如人没有抱怨，而是拼命工作，奋发图强，为国家作出了力所能及的贡献。他要把失去的时间夺回来。

1972年12月，吉林大学开始复课，徐如人一家和部分下放老师一道，被召回学校。当时，他的身份是校办厂工人。徐如人并没有怨天尤人，他积极投入到生产和实验中去，每天都在忙碌的工作中度过。直到1977年，徐如人才正式得到平反，当时学校党委当着他的面烧掉了关于他的全部举报材料，让他安心回到教学岗位上。

梅花香自苦寒来

隔着岁月的长河，我们再去搜寻那些艰辛岁月里的各种细节和生活的轮廓，能够感受到徐如人对科学的坚守、执着以及他的宽厚、踏实、坚韧，我们看到了熠熠生辉的信念。这些高贵的品格，最终造就了徐如人辉煌的科学成就。

徐如人治学态度认真，严于律己，对自己的要求是所做必果。对于学生的培养也非常严格，不论是教学还是科研，都非常严谨。科研工作没有捷径可走，不付出努力，是无法取得高尖端成果的，徐如人是这样教育学生的，更是身体力行这么做的。

从20世纪70年代中期开始，徐如人看到我国石油化工产业迅速发展的广阔前景，遂将自己的研究工作转向与石油炼制、石油化工密切相关的"沸石分子筛合成与结构化学"与"无机合成化学"基础研究。他开始创建用"江浮石"研制分子筛的工作，协助德惠县化工厂进行A型与八面沸石分子筛的生产。沸石分子筛与多孔材料是一类非常重要的催化材料，广泛应用于石油炼制以及精细化工等领域。

徐如人一边实验和研究，一边查阅大量文献资料，同时了解当时国际上在分子筛领域的前沿研究动态，以及我国在分子筛领域的研究水平。一次，他得到了一本第一次国际分子筛大会的论文集，惊喜万分，如获至宝，他花费了很大的精力将其全部翻译成中文。20世纪80年代初，他与团队按国家要求转向了基础研究，在国际上率先就发展分子筛科技中的三个重要基础问题，开展了最为系统的研究：创建新合成路线，开拓新型分子筛；系统研究分子筛与微孔晶体的晶化机理；特定结构与功能分子筛的设计定向合成。他是这个科学问题在国际上的首创者。1992年，他在中科院第六次学部大会化学学部的报告中，正式提出这一全新的定向设计合成路线。徐如人以微孔晶体的合成化学为研究方向，且大胆地以"微孔晶体的晶化机理"为突破口进行研究。他和团队经多年的系统深入研究，在国内以至国际上取得了一系列重要且有前瞻性规律性的研究成果。

徐如人创建了我国无机合成化学学科，将我国的无机合成化学推向国际前列；他引领了国际分子筛发展史上的第三个里程碑，促进了分子筛领域的大发展；他推动了我国分子筛以及水热合成产业的发展，支撑了早期我国石油加工工业的兴起。

徐如人非常重视国际交流。1980年，经多方争取，徐如人代表中国去意大利参加了第五次国际分子筛大会。作为中国人，徐如人在大会上作了第一篇论文报告。此后历届国际分子筛大会，他和同仁们都有参加。在查阅资料的过程中，他发现西德汉堡大学物化所的汉斯·莱歇特（Hans Lechert）教授（时任国际分子筛协会副主席）在分子筛的合成与晶化领域很活跃，几经周折，他终于和汉斯·莱歇特教授取得了联系，并邀请他于1979年、1981年、1983年连续三次到吉林大学讲学。为推动国内对国际分子筛前沿研究的了解，每次讲学，他都广泛邀请国内产学研界的同仁参加。

1979年，汉斯·莱歇特教授与徐如人及其研究生在讨论科学问题，左起：赵敬平、陈中才、刘新生、汉斯·莱歇特、徐如人

在徐如人的努力和带领下，吉林大学的无机化学学科人才辈出、成果丰硕。1984年成立博士点，1987年，以无机合成为核心的无机化学被评为首批国家重点学科。同时他又率领研究室的同事们，在吉林大学创建了一个实

验技术比较完整的高温、高压水热合成与测试实验室。1991年起实验室向国内外开放，1995年扩建为国家教委"无机合成与制备化学"重点实验室，2001年晋升为国家重点实验室。

徐如人把大量的心血倾注于实验室，他的学术研究走在了国际前沿，成绩斐然，已为国际学术界所瞩目。自1980年开始，他多次应邀到美国、德国、日本、英国、法国等国家讲学及开展学术访问，并与这些国家的有关研究团体建立了良好的协作关系。1984年，他被聘任为南斯拉夫国际分子筛学术会议国际学术委员会委员，并应邀做大会报告，受到一致好评。此后，他历任第七届至第十三届国际分子筛大会国际顾问委员会委员，以及合成与晶化分会执行主席。1990年6月，他出席在日本召开的国际微孔晶体化学会议。1995年，他与闵恩泽院士作为主席，在中国首次召开了国际分子筛学术会议。1998年，在美国巴尔的摩召开的第十二届国际分子筛大会上，他众望所归，当选为国际分子筛协会理事，成为第一位进入该领域国际学术机构的中国科学家。2007年，第十五届国际分子筛大会（15th IZC）在北京召开，来自56个国家的1000多位分子筛科学家与工作者参会，徐如人任大会主席，闵恩泽、何鸣元两位院士为共同主席。此次大会的召开，为中国分子筛和多孔材料科学与技术全面走向世界铺平了道路。30年的奋斗，使徐如人及其研究团队在分子筛与微孔材料化学等领域的研究在国内外产生了重要的影响，并在国际上成为中国在该领域研究的一面旗帜。

他又受聘为英国、德国、美国等国家的9种国际著名学术刊物的国际顾问编委。自20世纪80年代中期起，他先后与国外有关学术机构正式建立了协作项目研究关系。1984年，联邦德国汉堡大学无机化学研究所的梅迪乐博士来校，在他门下做了一年的博士后研究工作。

人格的感召

徐如人在吉林大学工作期间，深受关实之、唐敖庆教授等多位老师的教诲和影响，他们重视人才、甘为人梯、关心年轻学者成长的精神，一直影响着徐如人。1978年，吉林大学化学系开始恢复招收研究生，徐如人是首批有资格招收研究生的中青年教师。"实在是很惭愧，当时我自己连研究生是什么都不知道。"徐如人说。

徐如人认为，"出人才"与"出成果"一样，都是自己的主要任务，能为国家培养急需的中青年高级专业人才，也是对国家的重要贡献。在人才培养上，他保持了和搞科研与教学同样严谨、一丝不苟的态度，并倾注了大量心血，成功地为我国分子筛多孔材料领域和无机合成与制备化学学科培养了大批优秀人才，其中包括中国科学院院士3人。

于吉红院士是徐如人的学生，2015年，于吉红当选为中国科学院院士。她说："我是最幸运的，我一直跟着徐先生学习，耳濡目染。徐先生特别严谨，我做研究生时，发现了阳离子骨架的分子筛，打破了以往的概念。为了证实准确性，徐先生让我重复地做了一年实验。"

1985年，于吉红进入吉林大学化学系读本科，1989年师从徐如人，徐如人身上那种对科学无私奉献、严谨执着的精神，以及淡泊名利的人生态度一直影响着她。1998年，她从日本完成博士后研究回国，和徐先生一起从事多孔功能材料的定向设计合成。徐如人经常对她说，做研究一定要瞄准最前沿，占领制高点，要超前想到别人还没想到要做的事情。那时候，许多专家认为无机晶体材料不可能实现定向合成。但徐如人毫不动摇，带领他的团队从最基本的工作开始，搜集文献，建立数据库，然后总结和发现合成与结构的规律。通过长期的不懈努力，徐如人团队开发出一些结构设计及定向合成的理论方法和实验路径，他们的研究走在了国际前沿。

谈到徐如人院士对她的影响，于吉红院士回忆起了徐如人先生和她的两次长谈。一次长谈是1998年她回国后，那时她开始独立承担起科研和教学工作，徐如人找她进行了一次非常长的谈话，要她明确奋斗目标，制订五年规划，并且要努力完成目标任务。徐如人说，如果做到了这一点，你就能够迈向下一步的成功。这次谈话对于吉红影响特别大。那五年，她全身心地投入到科研与教学中，并取得了优异的成果，她被评为教育部首批高等学校优秀青年教师，获得国家杰出青年基金。她在功能材料的定向设计合成研究方面也取得了非常大的成绩，在第十四届国际分子筛大会上，她受邀做大会报告，得到了国际同行的高度认可与关注。第二次谈话是在她当选院士之后，徐如人语重心长地对她说，当选院士，意味着又一个新的起点，一定要重新规划你的奋斗目标。院士是一个更高的开始，你要肩负起更大的责任。他给于吉红院士的定位是，不仅要将自己的研究做得更好，最重要的是要推动整个化学学科的发展，推动学校乃至国家的发展。同时，也要培养出更多优秀的青年人才和接班人。殷切期望，谆谆教导，于吉红牢记于心。

徐如人的人格魅力影响和感召了一大批人。在徐如人的感召下，实验室陆续吸引来多位海外学成归国人员，如裘式纶、陈接胜、肖丰收、刘晓旸、霍启生、徐雁等人，他们都成了实验室建设的骨干力量。

冯守华院士是徐如人培养的第一位博士研究生，他于1989年旅美做访问学者，1992年在徐如人的召唤下回国。在徐如人的直接带领下，他和同事们一道筚路蓝缕，开始了实验室建设工作。他们身体力行，夜以继日，克服了各种常人

2002年，徐如人院士夫妇在执教五十周年庆祝大会上与冯守华院士（左一）、于吉红院士（右一）合影

难以想象的困难。由于经费紧张，为了节约资金，许多脏活体力活他们都亲力亲为。他们以对科学的执着和忘我的精神，历经一年多的时间，使实验室建设初见成效。这个实验室就是后来晋升为国家重点实验室的无机合成与制备化学国家重点实验室。徐如人推荐冯守华为实验室主任。

工作上，学术上，徐如人对学生严格要求，乐做伯乐；生活中，他对学生关怀备至，亦师亦友。他家里种了两棵李子树，每到七八月份，李子成熟

的季节，他会邀请他的弟子到家里去，摆上"李子宴"。在那个朴素的院子里，徐如人是一个和蔼如父的长者，他热情地招呼大家一起围坐在李子树下，吃着李子，无拘无束，谈笑风生，如同一个快乐的大家庭。

心　愿

徐如人院士有一个幸福的家庭，他和夫人庞文琴是吉林大学一对尽人皆知的知识伉俪，相濡以沫60余年，感情非常好。他们一家可谓是学者之家，庞文琴是吉林大学教授、博士生导师。儿子徐鹰是美国佐治亚大学生物信息研究所所长、佐治亚大学生物化学与分子生物学系教授、吉林大学计算机科学与技术学院长江学者讲座教授、著名生物信息学专家。大女儿徐雁在英国皇家研究院获博士学位后，任教于新加坡南洋理工大学，2010年回吉林大学化学学院任教，报效祖国。小女儿徐鸿在新加坡担任会计师。

庞文琴教授是我国著名化学家、无机化学重点学科主要带头人之一、吉林大学无机化学方向的基础与专业课程和科研工作的创始人之一。她的研究方向为过渡金属磷酸盐无机微孔晶体及层状化合物的合成与定向设计、硅铝酸盐沸石分子筛及含过渡金属的硅铝酸盐沸石的合成条件及规律等。她与徐如人既是夫妻，又是志同道合的同事。他们互相协作，在"分子筛化学"和"无机合成化学"领域逐渐形成了自己独到的知识体系，共同编撰出版了包括《分子筛与多孔材料化学》《无机合成与制备化学》等8部中英文学术专著。

可惜的是，2016年11月2日，庞文琴教授因病医治无效在长春逝世，享年85岁。

徐如人夫妇坚守吉林大学60余年，对学校，对脚下的土地有着深厚的感情。2016年10月11日，是徐如人在吉林大学工作的第65个年头。为纪念这一特殊的时刻，他将自己与妻子庞文琴教授以及他们子女（徐鹰和徐雁教授）的所有著作共28本，捐赠给学校图书馆作为永久收藏，以表达对学校的这份情感。"我老伴去世前捐的，她也很高兴。"徐如人说。

2017年9月，吉林大学建校70周年校庆之际，徐如人又做了一个令人肃然起敬的决定，他把与庞文琴教授一生的积蓄500万元全部拿出来捐赠给学校，设立庞文琴、徐如人教育基金，以奖掖那些在科教事业上表现出色的晚辈后学们。"我就是想帮我们的学生，有些学生生活比较困难，（这些钱）我也没什么特别用处，就给学生们，钱不多，我没有什么钱，因为我们就是靠这点工资（生活）。"谈到这件事，徐如人谦和地笑着说。

徐如人从1952年大学毕业来到吉林大学的前身——东北人民大学工作，自此扎根坚守在吉林这片热土上，至今已近70年。他把毕生都献给了科教事业。

如今，徐如人已年近九旬，但他并没有停下脚步，仍工作在科研第一线，在2017年再版的《Modern Inorganic Synthetic Chemistry》（《现代无机合成化学》）一书中，他提出了现代无机合成化学学科的科学体系，为我国无机合成化学的发展进一步指明了方向。2017年年初，他开始考虑"凝聚态化学"的创建与建设，每天坚持花四五个小时查阅各类文献资料，并于2018年与2019年应邀为我国最重要的学术刊物之一——《国家科学评论（NSR）》撰写了一篇社论（Editorial）与一篇观点（Perspective），2020年又应邀为《化学进展》主编了一期专辑《凝聚态化学》。他不仅把一生积累的丰富经验、学识毫无保留地传授给后人，而且以自己的人格影响了一大批人。

故土的眷恋

浙江省绍兴市上虞区下管镇位于四明山麓，是一个山清水秀的地方。1932年3月16日，徐如人就出生在这里。下管的幼年生活在徐如人的记忆中只留下模糊的影子。但他一直没有忘怀，这儿，就是他的故乡。

2019年初夏，徐如人院士再次回到故乡浙江上虞。这是一个樱桃红艳枝头的季节，故乡正在举办樱桃节。走在樱桃林里，吃着故乡的樱桃，老先生笑容灿烂。下管，是徐如人院士的祖籍所在地，他的根在这儿。"不堪断肠思乡处，红槿花中越鸟啼"，老先生已经记不清自己第一次回故乡是在什么时候，只记得当时上虞修《徐氏家谱》，作为浙大兼职教授的他正好在浙大讲学，上虞的徐光华先生找到他，他回了一趟故乡。"家乡变化大，以前我的印象里下管是个很小的山区，现在可惜我只有一个人了，不然我应该在这里买一个房子住住。"老人的话里，满是对故乡的眷恋。

徐如人院士在家乡下管采摘樱桃

故园东望路漫漫，双袖龙钟泪不干。上虞，这一片钟灵毓秀的土地，是徐如人魂牵梦萦的故乡。樱桃年年红，愿徐如人院士多回故乡，再尝一尝下管樱桃的酸与甜，那是游子心中乡愁的滋味。

参考文献：

1. 谢牧人主编：《绍兴籍院士风采录》，人民日报出版社，2008年10月版。

2. 院士风采编委会编：《绍兴籍院士风采》，浙江人民出版社，2002年10月版。

3. 宁德宽：《徐如人：格物探微 景行如人》，《中国科学报》，2018年7月23日。

4. 于吉红：《良师 慈父 益友》，科学网，2018年7月30日。

中国通信技术的开拓者

——记中国工程院院士周炯槃

周炯槃（1921.1—2011.12），浙江省上虞县崧厦镇（今绍兴市上虞区崧厦街道）人。中国共产党党员。通信技术专家，我国通信网理论和信息论研究的主要奠基人。1943年毕业于上海交通大学。1949年获美国哈佛大学理学硕士学位。先后任上海新安电机厂总工程师，天津新安电机厂总工程师、厂长。1950年起任北洋大学、天津大学兼职教授。1952年任天津大学教授。1955年起历任北京邮电大学教授、系副主任、科学研究所所长、信息工程学院名誉院长。主要著作有《电视学》《信息理论基础》《通讯网理论基础》《信息原理》《信源编码原理》等。专著《信息理论基础》获1988年国家教委全国优秀教材特等奖，并先后获全国科学大会奖、邮电部科技进步一等奖。

1995年当选为中国工程院（信息与电子工程学部）院士。

崧厦，上虞北部重镇。它北濒杭州湾，南临曹娥江。东晋隆安四年（400）袁嵩筑城，后人称嵩城，并建袁公祠。宋时为孝义乡嵩城里。集镇古称嵩下市，清宣统二年（1910）改称崧厦镇。

自古以来，崧厦人杰地灵，名人辈出。仅近现代，就出了慈善家连仲愚，教育家、文学家夏丏尊，地图出版家屠思聪，国际奥委会副主席、中国奥委会主席何振梁等。中国信息科技大厦的奠基人、著名通信技术专家周炯槃院士也是崧厦人。

艰辛求学　立志报国

周炯槃，1921年1月5日出生于浙江省上虞县崧厦镇大江村（今绍兴市上虞区崧厦街道共何村）七间楼的周家台门里。大江村因村前有一条大江而得名，在崧厦是个大村，历代以来，村里不少人以经商为业，其中有开当铺的，有开绸庄和米店的。当地曾有这么一首顺口溜：横山陈家，上湖头连家，大江周家。说的就是一些集聚的大姓。他们经年累月，积累了一定的财富，壮大了家族的产业，便在大江河边建起了一些以同姓家族合居的楼群，如七间楼、十间楼等，其中以周姓族居的七间楼最为气派。

周炯槃故居

65

周炯槃在七间楼待的时间并不长。出生不到两个月，他的父亲就因病去世了。为了生计，母亲只好带着他回到了上虞前江村的外婆家。直至童年和少年时，他才随母亲回过几次大江村。据今年已93岁高龄的大江村村民、后来曾在大江文景小学教书的沈丽卿老人回忆，她小时候曾见过周炯槃，知道他的乳名叫"阿凡"，但"阿凡"出去后，她就没见过他再回大江村的七间楼了。直至1993年夏天，周炯槃在女儿周巽的陪同下回大江村寻根时，她才知道了事情的原委。

原来，周炯槃随母亲离开大江村去数十里外的前江村之后，在外祖父和母亲的悉心呵护下，渐渐长大并完成了小学学业。

1932年，年仅11岁的周炯槃考入位于杭州河坊街旧提学使署内的省立杭州初级中学（今杭州市第四中学）读书，因为年纪太小，加上又没来过杭城，母亲不放心儿子一个人在外面，就在学校旁边租了一间小房子，每天陪着他。

省立杭州初级中学的前身为省立第一中学校，再之前是省立第一中学堂、杭州府中学堂、养正书塾，是浙江省第一所官办的新式普通中学。正所谓养士育才，文脉所在，周炯槃能进入这样一所学校读初中，可见他的成绩之优秀。

1935年，在省立杭州初级中学就读4年级的周炯槃考入省立上海中学。他在上海中学读了两年书，抗日战争爆发了。因兵荒马乱、交通阻塞，学校无法开学，被迫停课，周炯槃只好在家辍学一年。1938年，周炯槃在学校老师的介绍下，辗转来到上海租界，继续此前中断的学业。经过一年时间的艰苦复学，1939年周炯槃以第一名的优异成绩考取上海交通大学电机系。在学校里，他碰到了来自家乡上虞的同学，在交通大学化学系就读的徐光宪。

因父亲去世得早，加上家道中落，外祖父又日渐老迈，母亲柔弱的肩膀无力挑起一家人生活的重担，为了减轻家里的负担，周炯槃在校读书期间只好节衣缩食，但这难不倒一个18岁少年的求学之志，反而更促使他一心发奋读书。大学4年，周炯槃的成绩在电机系里总是名列前茅。

1943 年，周炯槃大学毕业，获工学学士学位。在沦陷区上海，毕业就意味着失业。尽管周炯槃学业优异，但求职仍十分困难。万般无奈下，周炯槃曾考虑去外省谋生，但一想到留下外祖父和母亲在家里，他又不放心。于是，在亲友的介绍下，只好改行到私营的天昌电化厂工作，任厂里的技术员，主要从事电化学的研发。后因天昌电化厂的工作与他所学的专业不对口，他又到上海新安电机厂求职，任该厂的工程师，主要从事电机的研究和制造。

1947 年，周炯槃参加了留学美国的考试，被录取为官价外汇生。后因他供职的上海新安电机厂经济拮据而未能成行。1948 年，官价外汇已十分低廉，且上海新安电机厂答应继续支付周炯槃的薪水以供他养家，他才得以去美国哈佛大学应用科学系学习。经过一年时间的努力，周炯槃便学完了研究生的全部课程，以全优的成绩获得理学硕士学位。在哈佛留学期间，周炯槃还利用课余时间旁听了不少有关学科的课程，从而进一步扩大了他的视野，增加了对其他学科门类的了解。

新中国诞生前夕，周炯槃怀着一颗报效祖国的决心，毅然放弃了在哈佛大学攻读博士学位的机会，乘船经香港回到祖国内地。回国后，他曾想去大学任教，但未找到合适的学校，只好仍回上海新安电机厂工作。

中华人民共和国成立后，国家掀起了建设的热潮，电机的需求量激增。上海新安电机厂为发展需要，在天津设立了一个分厂，特派周炯槃到天津分厂负责技术工作。在天津分厂试制新产品和修复一些大型电机的工作中，周炯槃作出了自己的贡献。

在天津分厂工作期间，周炯槃还兼任了北洋大学（现天津大学）电信系教授。不久，"三反""五反"运动开始。已任天津新安电机厂厂长兼总工程师的周炯槃感到不适合在私营企业继续工作，于是毅然决定放弃高薪，进入天津大学电信系任专职教授。当时学校正在学习苏联搞教学改革，周炯槃还为此专门学习了俄语，并自告奋勇承担学校的教学任务，开设了不少新课程。

1954 年，根据政务院的命令和原邮电部的安排，周炯槃参与了新中国第一个邮电高等学府北京邮电学院的筹建工作，成为该学院的创始人之一，并由此开启了他长达四十几年的信息和通信理论的研究与教育。1955年至"文化大革命"初期，周炯槃任北京邮电学院无线电系教授、无线电工程系副主任。此后又历任科学研究所所长、名誉所长，信息工程系名誉主任、信息工程学院名誉院长、博士生导师及国务院学位委员会第一、二、三届学科评议组成员，国家自然科学基金委员会评议组第一、二、三届成员，中国电子学会理事，中国通信学会第一、二届常务理事，《通信学报》编委会主任等。

潜心科研　填补空白

周炯槃在北京邮电大学主要从事的是电视教育和科研工作，并结合教育从事信息论的研究。几十年来，他在科研和培养人才方面都作出了很大的贡献。

20世纪50年代初，我国的电视领域还是一片空白，由于缺乏电视技术人才，我国还没有能力建立电视台。国家期待着高等学校能早日培养出自己的电视技术人才和电视理论教育工作者。然而电视是一门技术性较强的工程学科，没有科研，没有实践，教学只能是纸上谈兵。周炯槃决心从科研入手，建立实践基地，创建教学电视台。

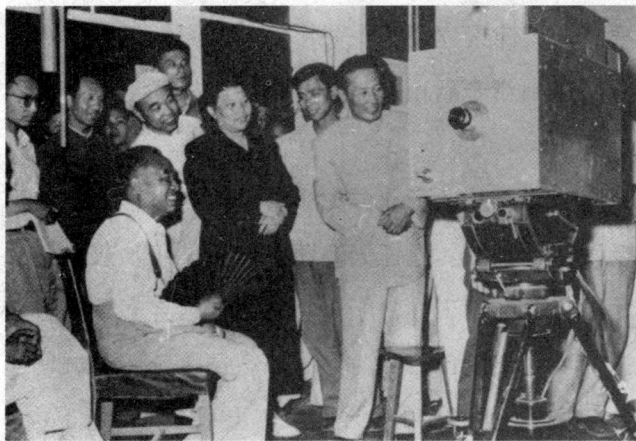
1958年朱德委员长参观由北京邮电学院研制的我国第一座教学实验用黑白电视台

1958年，他率领一批中青年教师克服重重困难，率先研制成功了中国的黑白电视系统，并于当年建成了中国第一座教学电视台——北京邮电学院教学电视台，它是中国最早建成的电视台，填补了我国电视技术的空白。朱德委员长在参观北京邮电学院的科研成果时，对周炯槃科研团队研发并建成的这座教学电视台给予了高度评价和热情鼓励。周炯槃为新中国培养了第一代电视技术骨干和师资力量，为中国的电视事业作出了开创性贡献。在中国《科学家》"通信技术专家周炯槃"的词条中，有这样一段话："电视现在已经成为人们日常生活中不可缺少的部分。但是，吃水不忘挖井人，当你坐在电视机前欣赏电视节目的时候，不要忘了研制电视机的人们的辛勤劳动。"这个词条中说的研制中国电视机的"挖井人"，就是周炯槃。

20世纪60年代，周炯槃主要从事信息与通信理论的教学与科研工作，这是两个偏重于理论的学科。凭借着深厚的理论功底和渊博的知识，以及对未来科学发展的敏锐洞察力，周炯槃在指导并参加多项新型通信技术科研任务的基础上，创办了无线电物理专业和数字通信与数据通信专业，培养了一大批中青年信息与通信理论方面的人才。他是首批将信息论传播到中国的主要学者之一，在中国最早招收信息论方面的研究生，最早建立通信理论教研室，并为高等教育部举办全国无线电物理信息论方面师资培训班，促进了中国信息论研究和人才的培养。

周炯槃非常重视理论，并强调理论的应用性研究。他身体力行，完成了很有创见的学术论文——《电视信号的极限信息量》，并在《电子学报》上发表。1964年，他参加国家科研项目"6401工程"的研制工作，在国内首先将卷积码应用于数字信道的纠检错实验样机中，取得了成功。后来样机在邮电部507厂实现量产，为中国第一颗卫星"东方红一号"及以后卫星的监测作出了贡献。

20世纪70年代初，他指导和参与了中国人民解放军总参谋部通信部对流层散射数据传输的分离多径接收终端的研制，在中国首次应用伪随机码理论于抗衰落技术取得成功，该样机后经定型小批量生产并装备部队使用。这项成果获得了1978年北京市科技大会奖及1978年全国科学大会奖。在此期间，他还提出了码分多址和SPADE卫星通信系统方案。

20世纪80年代，周炯槃在科研上更是硕果累累。他参加并指导了邮电部重点科研项目"单路报纸传输压缩系统"的研究，将信息论信源编码理论中的哈夫曼码与算术编码应用于报纸传真压缩并取得成功，该设备应用于北京至乌鲁木齐通过卫星进行报纸传真的传输中，获得令人满意的传输质量并取得较大的经济效益。该设备获邮电部1989年科技进步一等奖和邮电部"七五"期间重大科研成果一等奖。在此基础上，他又完成了通过卫星建立一点对多点报纸传真网络的实验研究。所有这些，都是他将国外信息与通信理论的最新发展成果融会贯通，应用于中国通信建设之中结出的硕果。20世纪80年代末，周炯槃主持并指导的国家科委课题《中国信息技术发展战略与政策》的研究，获邮电部1989年科技进步一等奖，它对信息技术的软科学研究起到了示范作用。20世纪90年代，他的研究全面进入当代通信技术的前沿，指导并亲自参加了处于国内领先地位的BISDN、ATM交换和CDMA的研究。这些研究为中国通信技术的进一步发展奠定了坚实的基础。

钟情教育　培养人才

周炯槃的一生，既是科学研究的一生，又是培养人才的一生。他不仅是一位杰出的科技工作者，同时也是一名优秀的教育工作者。数十年间，他始终遵循"以社会需求为动力、以科技进步为导向"的方针，坚持教学与科研相结合，为创办专业、培养人才，呕心沥血，废寝忘食，为国家培养了一大批中青年信息与通信理论方面的人才。

据北京邮电大学党委宣传部的一份资料记载，当年北京邮电学院无线电工程系刚刚创办时，资金短缺，师资力量薄弱，实验设备不齐全，教材要编写，各种关系要协调。周炯槃攻克了一个又一个难关，克服了一个又一个困难。他一个人开设了"天线与电波""电声与广播""接收设备、发送设备""电声原理""网络理论""无线电基础""最佳接收"等十多门课程，承担了无线电系大量专业课和基础课的教学。他凭借勇往直前的闯劲，在荆棘丛生的科学荒原上，为后人开出了一条平坦而成功的道路，对此，他自己也深感欣慰。当回忆起这段既艰苦又充满乐趣的创业过程时，他曾说："那时年轻，不知道什么是困难，不知道什么是累。只要有需要，就要去闯。许多事情就这样，一闯就过去了。"

周炯槃在教学、科研和生活的道路上，始终遵循的诺言是——"闯"字当先，永远朝着险峻的高峰攀登。

随着社会主义建设对人才的需要，随着学科及专业的发展，周炯槃后来又陆续开出了"概率论与数理统计""网同步理论""信息论基础""通信网理论基础""信源编码原理"等一系列高水平的课程，为北京邮电大学扩大办学规模、提升教学质量作出了不可磨灭的贡献。

高等院校要上一个层次，提高教育教学质量，必须坚持教学、科研两个中心，以教学带科研，以科研促教学。在这方面，周炯槃进行了大胆、卓有成效的尝试。他率领一批中青年教师组建了"北京邮电学院科研所"，担任所长，大部分科研项目他都参与指导，科研所硕果累累，这与他的正确领导和科研指导思想及辛勤劳动是分不开的。

20世纪80年代，世界进入信息时代。为赶上世界科学先进水平，为适应国家在不同时期对不同层次人才的需要，周炯槃又创办了信息工程专业，并建成了我国"信息与电子"学科首批博士点。信息系在他的指导下，高起点、高标准、高质量办学，硕士研究生录取率为本系当年本科毕业生总数的三分之一。

信息工程学院成立大会

在长期的教学科研实践中，周炯槃非常重视新生力量的培养和梯队建设。他对学生要求非常严格，要求学生的作业必须整洁、条理清楚、书写规范。他说，我批改作业不但要看逻辑推理、公式是否正确，而且还要批改错字。现在有些大学生书写能力差，有的字写得像天书，甚至连他们自己也认不清楚是什么字。遇到这种情况，周炯槃总是把学生找来，给他们讲道理，要求下次改正，否则要重写。他还特别强调培养学生独立分析问题和解决问题的能力，要有抽象概括的思维能力。严师出高徒，经周炯槃指导培养的几批博士、硕士研究生大都已崭露头角，成为我国通信与信息领域教学、科研工作的骨干，是我国通信与信息领域一支很有希望的生力军。

胡正名教授是他20世纪50年代的学生，现任博士生导师，在应用数学方面造诣颇深，是杰出的信号学与密码学专家，目前担任全国政协常委和全国政协科技委员会委员，享受由国务院颁发的政府特殊津贴。曾任北京邮电大学副校长的博士生导师钟义信教授是他20世纪60年代的学生，不仅在信息理论方面颇有建树，而且在信息高速公路的研究方面成绩显著，经常参与国家关于通信发展战略规划的研究和决策，享受由国务院颁发的政府特殊津贴。他20世纪80年代的学生、博士生导师雷振明教授是我国第一台ATM交换机的研制者，著名的宽带通信技术专家。更年轻的学生有博士生导师、"长江学者奖励计划"特聘教授杨义先，他因破译近百年未曾解决的世界数学难题——哈达玛矩而成为蜚声中外数学界的青年学者，他才思敏捷，著作颇丰，被誉为没出国门的"高产博士"，享受由国务院颁发的政府特殊津贴。

这些只是周炯槃众多杰出弟子中的几位代表。周炯槃特别关心青年学生的成长，他建议设立奖学基金，奖励品学兼优的本科学生脱颖而出，引导他们尽快成才。

1988年，周炯槃撰写的《信息论基础》一书被评为全国优秀教材特等奖，他把全部奖金捐献给信息工程系用作奖学金。信息工程系准备把奖学金命名为"周炯槃教育奖学金"，以表彰他对党的教育事业的忠诚和贡献，对此周炯槃坚决不同意。他说："写书是为了培养学生，不是为了个人名利，把奖学金用于培养学生是我的心愿，决不能在奖学金的名称上冠以个人的名字。"在他的建议

周炯槃院士女儿代表周炯槃向北京邮电大学教育基金会捐款人民币200万元

下，这一奖学金定名为"北京邮电大学信息工程系特别奖学金"。2011年周炯槃病重时，他又嘱家人把自己的全部存款200万元捐给北京邮电大学教育基金会，以鼓励学生好好学习、为国争光，鼓励青年教师努力工作，提高教学质量。

有位得过该奖学金的学生写信给校领导说：周先生是一位德高望重备受敬重的贤者，他的治学态度、人格品性、探索精神是我们一生学习的楷模。他的敬业精神和笃实坦荡的作风及科学态度激励我们克服困难，攀越高峰。

步入耄耋之年的周炯槃仍一如既往地在科研的实验室里默默耕耘、劳作。他不顾年事已高，作为课题负责人仍申请了"高速信息网中关键基础问题""未来移动通信系统中高速数据业务混合ARO方法的研究""空时二维信号处理的理论研究及其仿真测试平台研制"等数项国家自然科学基金重大项目、面上项目和部级项目。这些项目，都是信号与信息处理领域最新技术的前沿课题。在他的带领下，课题组人员刻苦钻研，圆满地完成了一个又一个既定的研究目标。与此同时，周炯槃每年还要坚持保持5名研究生的招生规模，安排他们的课题工作，并亲自审阅每位学生的毕业论文，严格把关。每年，他还负责数十位博士生的毕业答辩，对他们的论文提出独到的意见和中肯的建议。2005年夏天，有4名博士生答辩，当时正值北京进入高温的第一天，其他老师都担心周炯槃的身体吃不消，建议他不要参加了，但周炯槃淡然说道"还好嘛！"就这样，他坚持完成了长达4个小时的答辩工作，

让在座的每位教师和学生都深受感动。

治学严谨　著书立说

周炯槃院士一生著作等身。除了《信息论基础》《通信网理论基础》《电视学》《电视信号的极限信息量》《率失真理论及其应用》《通信原理习题集》和《通信原理》等专著外，还发表了大量论文。这些专著和论文，是周炯槃院士几十年来科学研究和教学的结晶，尤其是《信息论基础》一书，被誉为我国信息理论80年代的巅峰之作。

《信息论基础》于1983年出版，适应了当时高校在改革开放后提高教学质量加强基础理论的需要，对中国高校的信息论教学起到了很好的推动作用。它总结了20世纪80年代初信息论的主要成果和最新进展，既保证了理论部分的完整，又配有大量的习题，为教材使用提供了很大方便。本书内容包括数学基础和香农信息论两部分，构成了一个有机整体，书中编码定理另辟一章，使香农信息论的主要定理得以系统讲解，因此非常具有实用性。该书出版和再版后，均被购买一空。1986年，《信息论基础》一书被评为全国邮电院校优秀教材特等奖，1988年又被国家教委评为全国优秀教材特等奖。

据周炯槃院士的女儿周荔说，即便父亲去世多年了，《信息论基础》仍作为教材在使用。

周炯槃院士撰写的另一部重要专著是《通信网理论基础》。该书是周炯槃院士通过十余年主持指导"通信网的优化设计""ISDN交换体系结构的研究""宽带ISDN基本理论与发展的研究"等一系列国家自然科学基金、博士点基金和国家"七五"攻关项目研究的基础上完成的专著。为了撰写此书，周炯槃院士曾历时五载，讲授五遍，反复修改，数易其稿，其严谨的治学作风由此可见一斑。该书对20世纪70年代以来发展的图论、排队论、可靠性理论和网络优化理论进行了系统总结，以此为基础构成了通信网理论基础的四个方面，并把它们成功地用于分析通信系统和通信网。该书不仅及时、准确地总结了当代国内外有关方面的先进成果，而且也是周炯槃院士数十年来从事通信理论与技术方面研究的结晶。该书有新意，有创见，是一本系统性强、理论水平高、有实践性和启发性的好教材。该书的出版及时地适

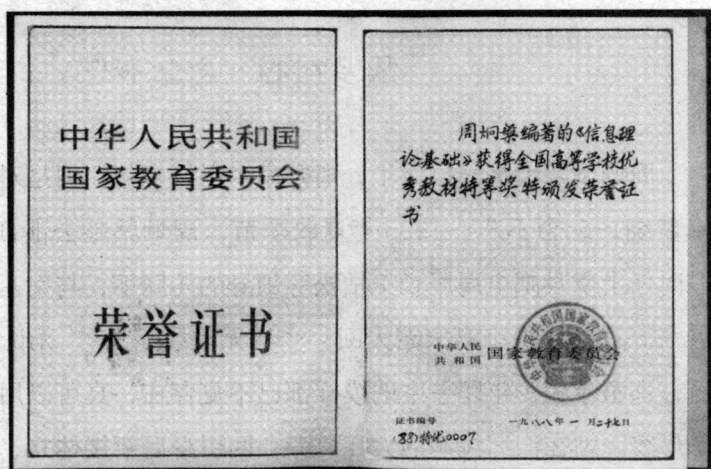

周炯槃获得的荣誉证书

应了中国通信事业现代化的需要，也解决了通信网方面教学科研工作的急需。该书在正式出版之前，作为讲义就已被众多高校和科学工作者所采纳，用作教材和理论参考。清华大学、北京大学、北京邮电大学、北方交通大学（现北京交通大学）、北京联合大学等院校均已指定该书为本科生和研究生的正式教材。北京邮电大学自1986年起，"信号与信息处理专业"博士生、硕士生的学位课就以此书为教材。1989年起，信息工程系信息工程专业、信息科学专业、自动化专业的本科生必修课通信网基础，也选定此书作为教材。《通信网理论基础》于1991年出版，1997年获邮电部科技进步一等奖。

由于周炯槃的重大学术贡献、杰出人格风范和高尚品德情操，他不仅在北京邮电大学受到广大师生的敬仰，而且在全国信息通信学术界也享有崇高的声誉。对于周炯槃在科研和学术上取得的成就，学校党组织自始至终给予热情的关怀和高度的评价。1984年5月，周炯槃光荣地加入了中国共产党，实现了他多年来的夙愿。他还是北京市政协第二、三、四、五、六届委员。1988年，周炯槃被评为北京市高校教书育人先进工作者。1989年被评为北京市劳动模范。1991年被评为邮电部全国劳动模范。1995年被评为北京市劳动模范。

故乡在心　念念不忘

　　周炯槃院士是一位游子，离开家乡已经多年，但是对于家乡，他一直魂牵梦绕，念念不忘。1993年夏收季节，周炯槃趁去浙江宁波开会的机会，在时任上虞县邮电局局长王柏松等领导的陪同下，与女儿周巽一起回了一趟老家。真是"少小离家老大回，乡音无改鬓毛衰"。无论是崧厦镇还是大江村，那童年和少年印象中的模样都已不复存在，真可以用翻天覆地沧海桑田来形容。站在汩汩流淌的大江河旁，回望身后新楼林立、道路宽敞、干净整洁的大江村，周炯槃感慨万千。是啊，大江村变了，崧厦镇变了，变化说明了一切。作为这个变化的见证者、亲历者，周炯槃从一个大江村出去的孩子，成长为一个为共和国作出了特殊贡献的中国工程院院士，就是一个最好的说明。

　　离开大江村前，周炯槃院士特意请人为他拍了几张照片。他高兴地对陪同人员说："我要给家里的孩子们看看。"正要登车离开时，突然从村里传来一阵呼喊声："'阿凡'等等，'阿凡'等等。"原来，刚刚下课的沈丽卿老师听说周炯槃来了，便急忙跑着赶过来，于是，这两个曾分别了数十年的童年小伙伴，终于又重逢了。

　　2010年，周炯槃在接待来自家乡的记者时说："我是上虞崧厦人，我夫人是上虞小越人。虽然我们离开家乡已经多年，但对家乡的变化，我们是时刻关注的。1993年我去宁波开会时，曾在会议结束后，去老家故地重游，觉得家乡的变化好大，企业也很发达。后来，关于上虞的更多情况是从《上虞日报》上了解到的，每当读到家乡的报纸时，我们就像又回了一趟家乡，感到既亲切，又兴奋……"

　　周炯槃在杭州工作的大女儿周巽对我们说："父亲在晚年时，会经常给我们讲一些童年时他在老家的故事，他还叮嘱我们说，如果有机会，要我们多回老家去看看。有时候，他也会拿出他回老家时拍的一些照片不断地翻看，嘴里自言自语说'变了，变了，变化太大了'。"

周炯槃院士有 4 个孩子，他们从事的职业也都与信息技术有关，因此，可以说是不折不扣的"邮电世家"。交谈中，周巽告诉我们一件很巧的事，周炯槃的曾外孙谢颐初去年也考上了上海交通大学电子与计算机工程专业，与太外公成了名副其实的校友。

　　"有机会，我一定会带着他回老家去看看。"周巽充满情感地说。

参考文献：

1. 徐光华主编：《走近虞籍科学家》，科学普及出版社，2010年10月版。

2. 北京邮电大学党委宣传部：《中国信息科技大厦的奠基人》，《北京教育》，2006年3月。

中国静压轴承的开创人

——记中国工程院院士周勤之

周勤之，1927年11月出生，浙江省上虞县沥海镇（今绍兴市越城区沥海街道）人。中国共产党党员。机械制造工艺与设备专家，我国静压轴承的开创者之一。1950年毕业于中华工商专科学校。历任上海机床厂工艺试验室主任、科研所科研室主任、磨床研究所副所长、上海机床厂高级工程师、副总工程师、东华大学教授、博士生导师，上海理工大学机械工程学院兼职教授。曾担任上海市机械工程学会名誉理事长、中国机械工业联合会专家委员会特邀委员。著有《精密平面之产生及其测量法》《论瑞士机床》等专著。其提出并组织指导开发攻关的电子传动蜗杆砂轮磨齿机和金刚滚轮修正技术分别获国家科技进步二、三等奖，高精度微位移干涉仪获国家发明三等奖。

1995年当选为中国工程院（机械与运载工程学部）院士。

有这样一位院士，他没有读过全日制大学，一切全靠自己勤学苦练、实践摸索，终于成为中国机床行业的翘楚人物。他就是虞籍乡贤、中国工程院院士周勤之。

2020年5月的一天，我们专程赴沪拜访了周勤之院士。93岁的周勤之院士坐在沙发上，手里拿着一本《万历十五年》，面色红润，精神很好，虽然因患病不能站起来，但他依然微笑着朝我们挥挥手，用浓浓的乡音说："欢迎，欢迎。"

磨难中砥砺成长

1927年11月23日，祖籍上虞的周勤之，出生于上海一个殷实的家庭。祖母希望孙子不要像父亲一样懒惰，给他取名"勤之"。4岁时母亲去世，周勤之由祖母抚养。1932年日本发动"一·二八"事变后，周勤之随大人逃到乡下老家上虞沥海的外祖母家避难。沥海是一个有600多年历史的海防要地，明洪武二十年（1387）筑有沥海所城。城以十字街为界，街西、街北属会稽县，街东、街南属上虞县。周勤之8岁时，在上海的祖母担心孙子疯玩荒废了学业，就把周勤之接回上海读书。

当时祖父母创办了一家小型农业机械厂，家境较为殷实，但祖母却对他十分严格。白天，周勤之到学校认真读书，风雨无阻，从不请假；晚上周勤之还到一位前清举人家，按照先生所教背书；寒暑假也不休息，祖母让他到自家开的工厂当学徒、学金工，而每月零花钱只给两角小洋。祖母对他严格要求可谓用心良苦，原来周勤之的父亲不成器，只知享乐，让祖母非常懊恼伤心，所以祖母语重心长地对他说："一般开工厂的，往往老一辈艰苦奋斗，第二代坐享其成，第三代一败涂地。我之所以要这样严厉对你，是不想让你做败家子。"周勤之年纪虽小，但却非常懂事，他明白祖母对他的期望，每天都认真学习、自觉读书。

1937年"八·一三"事变爆发，周勤之跟随祖母从南市区逃到租界求生。工厂被日本人烧光，一家人的生活一下子陷入了困顿。年幼的周勤之目睹了侵华日军给国人带来的灾难，感到人生无常。带着这样的紧迫感，只要有空暇，周勤之就拿出课本拼命读书，养成了不管何时何地都能挤时间看书的良好习惯。受"实业救国"思想的影响，他认为机械制造是救国的必由之路。他初三时除了白天上学外，晚上还到夜校读机械工程。由于成绩优异，他不断跳级，从江西中学跳级到民立中学，又跳级到沪新中学（今上海中学前身），后又认为医科可"济世救人"，所以高中未毕业周勤之就跳入圣约翰大学读医科。按照祖母的意思，1944年周勤之结婚了。不久，相依为命10余年的祖母就病逝了。周勤之的经济状况急转直下，连生计都难以维持，不得不离开大学校园，辍学在家。他白天打工，晚上到强华工专夜校坚持学习机械工程，但最后也因没有钱而再次辍学。

勤学中奋起直追

抗战胜利后，周勤之的舅舅恢复了工厂生产，但周勤之恳求继续到学校读书的心愿未能实现，只得按照舅舅的要求一边在工厂打工，一边挤时间自学，并养成了孜孜不倦的好学精神。每月舅舅发给他的津贴只有工人的一半，他就把这微薄的津贴大部分用于买书。后来，周勤之尝试着离开舅舅的企业到社会上去谋职，但往往面试合格，因没有正规学历文凭而被拒之门外，于是他只能继续勤奋自学。

周勤之的毕业证书

力学如力耕，勤惰尔自知。周勤之说："当时我什么都读，真可谓'乱'读书，数理、外文、无线电都读，几乎把上海所有夜校的课程都读遍了。"后来上海交大叶蕴理教授可怜周勤之的遭遇，答应无偿帮他补习数学和物理，并鼓励他说："古今中外科学家，有不少大学没有毕业一样也做出成绩。只要你勤奋学习，持之以恒，将来也可以做出成绩。"叶蕴理的一席话，重新点燃了周勤之几乎熄灭的希望之火，给了他继续勤奋学习的信心。随后，周勤之进入黄炎培创办的中华工商专科学校机械系夜校部学习，获当时国民党政府教育部门承认的相当于大专的机械系毕业文凭。

实践中潜精研思

上海解放后，周勤之来到虬江机器厂（上海机床厂前身，现为上海机床厂有限公司）应聘。时任总工程师的雷天觉（曾留学美国）面试后，未查看学历文凭就当即予以录用，这使周勤之甚感惊奇。雷天觉说："文凭有何用，主要看你今后的工作表现，这才是真正的才能。"雷天觉的话使周勤之受到莫大的鼓舞。进厂后，周勤之被安排在工具车间做研磨工，任务是掌握研磨工艺，开发精密加工，培养精加工工人。雷天觉对周勤之说："一个真正的技术人员，没有理论是盲目的，没有实践也只能空谈。在新中国要做一个既有理论又有实践经验的技术人员。"为此，雷天觉为周勤之和其他技术人员指定一些专业书籍进行学习，并规定学后都要写心得体会并向他汇报。周勤之努力学习专业书籍，还进行思考，每次汇报都让雷天觉很满意。在车间工作时，周勤之刻苦钻研，从工具车间的研磨工开始，不怕苦、不怕累，一步一个脚印，任劳任怨工作，并暗暗立志为祖国精密机床的发展作出自己的贡献。同时，周勤之利用下班后的业余时间，到外滩公园与爱好外语的青年对话交流，提高外语口语能力，自学掌握了英、法、德、俄、日五门语言。

以前，上海机床厂的工夹具设计组没有计划，不能配合生产的要求，设计质量很低，新产品工夹具无法使用率高达38%。1954年，周勤之担任施工科工夹具设计组组长。他带领技术人员虚心学习苏联先进经验，积极改进科室工作制度，提高设计效率和质量。周勤之整天待在车间里，和工人们一起边实践边钻研，解决了很多重大的关键技术问题，如改进铰刀成大切削量铣刀、高效螺丝攻、设计大转盘等，这些技术革新使生产效率提高了1~10倍。同时他依靠党、政、工会、团支部组织，发扬民主，有事和大家商量。经过周勤之和全组同志的努力，工夹具设计工作走向计划化和正规化，他还建立了设计定额办法和编排组计划，开展劳动竞赛，推行对内对外的质量记分方法，提高了设计效率和质量，小组的图纸错误从过去的月100次减少到17次，保证了试制新产品所必需的各种工夹具的供应。由于一系列的改进和创造所取得的成绩，1954年工夹具设计组获上海市先进小组的光荣称号。周勤之本人也在机床精密加工和测量方面积累了丰富的经验，在实践中不断得到锻炼提高。

1959年，国家组织以邹家华为团长的中国机械进出口公司贸易三人代表团（邹家华、周勤之、张代侠）赴瑞士、法国等西欧国家进行为期6个月的考察。那时欧美国家对中华人民共和国实行技术封锁，设置了重重障碍。周勤之白天参观工厂认真学、心里默记，晚上回到住地赶忙把考察的内容记录在笔记本上，常常要忙到凌晨时分才能休息，获得大量珍贵的第一手技术资料，为我国精密机床的发展提供了较为充分的技术基础。在瑞士工厂考察时，周勤之见识了当时只有瑞士掌握的镜面磨削技术。他琢磨出此技术是由机床、砂轮、磨削工艺三大要素组成，但中国当时还没有特制的砂轮。于是他把每天1元的出国补贴共计180元倾囊而出，购买了两个砂轮带回国，却没有钱给家人买洋货了。回厂后，周勤之立即组织技术人员进行攻关，终于攻克了镜面磨削技术，中国第一台镜面磨床在上海机床厂诞生。

上海机床厂是中国最大的精密磨床和精密量仪

周勤之院士在车间检查机床

专业制造企业，开发磨齿机虽有悠久的历史，但由于磨齿工艺成本高，难以推广。20世纪60年代初，周勤之就组织人员试图开发一种"没有齿轮的齿轮磨床"来解决这一问题。试验工作初战告捷，只待设计试制原型机床。但"文化大革命"开始了，周勤之受到批斗，被迫中止该机的试制。直到20世纪80年代，他才将电子挂轮蜗杆砂轮磨齿机试制成功，当时只有瑞士与中国有这种机床。机床推广后，价格只有进口的1/5，为国家节省了巨额外汇。所有这些成就的取得都是周勤之认真苦读、苦心钻研换来的，每一项新技术的开发和应用都渗透了周勤之的心血。因工作出色，周勤之被任命为上海机床厂副总工程师。

1981年11—12月，周勤之跟随厂长赴美、法两国参加机床市场调查工作，并参观访问了一些工厂、学校和研究所。回国后，他梳理分析了对我国精密工艺有参考价值的见闻，并行文推广介绍。考察美国最大的精密机床制造厂摩尔（MOORE）公司后，周勤之撰文扼要介绍了该厂生产的坐标镗等精密机床，以镀面丝杠作为定位基准，发展了1440牙多齿分度盘、蜗轮分度台、步距规、用金刚钻车刀加工非球面光学零件等一整套精密工艺以保证精密机床的精度；考察美国巴顿（BARDEN）公司后，介绍该公司制造高精度轴承发展的一种循环滚珠式直线导向轴承可与圆柱导向杆配合作精密直线运动，其外环、内环、装配、检验等精加工工艺所用方法基本与我国相似，但细节有改进，值得我们学习；考察美国Speed FAM公司，介绍了称为"自由磨粒加工"（Free Abrasive Machining，FAM）的一种高效率强力平面研磨技术，这种技术实际上基于经改进后提高了研磨效率十倍的单盘研磨机。

勤耕中成就非凡

周勤之在上海机床厂工作的55年，见证了中国机床工业发展的全过程。其间，他先后任上海机床厂工夹具设计组组长、工艺科副科长、工艺试验室主任、科研科科研室主任、磨床研究所科研室主任、磨研所副所长、副总工程师。他主持的项目有几百项，获奖项目有数十项，但他很少署名，他说工作是大家做的。他潜心钻研，成果丰硕，摘得一连串奖项。1965年提出并组织设计攻关的用电子传动的YA7232B蜗杆砂轮磨齿机获1985年国家科技进步二等奖；指导组织开发的金刚滚轮修整技术，获1986年国家科技进步三等奖；将静压技术和动压技术合并起来开发一种新型的DYNASTAT动静压轴承用于MG1432B高精度外圆磨床，获上海市优一等奖和全国机床展览会春燕奖；提出并组织开发的高精度微位移干涉仪（精度达$\pm 0.001\mu m$，灵敏度达$0.0002\mu m$）获1988年上海市发明一等奖、国家发明三等奖。

在个人荣誉方面，周勤之也收获累累。1954年和1955年，连续两年被上海市人民政府授予"上海市工业劳动模范"称号。1956年，周勤之被评为全国先进生产者（第一机械工业部），并成为第一届全国先进工作者代表大会代表，受到毛主席、周总理等中央领导的亲切接见。

周勤之院士是虞籍院士中唯一一位没有上过正规大学的院士，但他兢兢

周勤之获得的劳动模范奖状

业业，一心扑在机械制造工艺与设备研究上，用自己的智慧和双手赋予了机械和设备无限生命力，使我国的多项机械制造工艺在国际上引领潮流。他一直认为："制造业是提供物质财富的强有力手段，一定要发展。"如今，追求科学、崇尚科学已在全社会蔚然成风。在上海杨浦区黄兴公园旁的院士风采馆内，周勤之院士的文字介绍简洁而形象：整天在车床旁边钻研业务，为我国精密机床的开发作出了卓越贡献，被人们亲切地称为"待在车间里的院士"。展区内还竖有一面墙，上面写着周勤之等院士的名字，展现了周院士

不平凡的人生经历，弘扬了他的科学精神和崇高品德。

传带中产学研创

十年树桃李，教诲催人进。作为博士生导师，周勤之院士认为学生的思想工作一定要做好，中国工业想要发展一定要自己掌握关键技术，不能受制于人，希望下一代为机床强国而奋斗。他是这样说的，也是这样做的。多年来，周勤之院士发挥老一辈传帮带的高风亮节，培养出一批具有独立工作能力的科技研究人员，其中教授级高工3人、高工8人、副教授1人，这对我国机械制造工艺发展的人才培养有着重要意义。

周勤之任施工科工夹具设计组组长后，尽管业务繁忙，但他总是尽力帮助组内外同志和生产工人，提高他们的技术及理论水平，甚至在休假期间给研磨工人上课。在他的帮助下，工夹具设计组研磨工朱国藩研制成功高效的万能研磨盘，5个绘图员具备独立设计能力，2个研磨组获得厂优胜小组称号。

对于在大学就读的年轻一代，周勤之总是谆谆教导，循循善诱："你们能上大学是人之幸事，在旧社会我就没有机会上大学，一定要珍惜机会、好好学习！"他又在各种场合说："作为教育者我们有责任去引导学生学成以后报效祖国、体现价值，国内企业远比外国企业有发展前途。不管他们听不听，作为导师，学生的思想工作一定要做，哪怕100句里听进去了10句，那么教育就是成功的。"周勤之坚持不懈地宣教是有回报的，越来越多的学生从外国企业回到国内企业报效祖国。

周勤之院士退休后，仍然不退业、不退志。经上海市委组织部协调，他每周到上海机床厂有限公司和东华大学各工作两天，既帮助指导企业技术，和年轻人一起探讨解决技术上的一些问题，又和大学生交流科研实践心得，鼓励他们为中国的制造业努力奋斗。此外，周勤之还积极开展科技普及，为技术创新和企业发展提供咨询服务，一年中差不多有四五个月不在上海家里。他经常参加上海市机械工程学会的活动；担任上海交通大学主办的学术性期刊《机械设计与研究》（*Machine Design & Research*）的名誉编委；

担任中国制造业最具影响力的会展品牌"先进制造业大会"专家顾问；担任全国第十三届精密工程学术研讨会暨中国仪器仪表学会精密机械分会第七届理事会名誉理事长。

周勤之院士对国内产学研联合的现状有些担忧："对我们搞技术科学的人来说，有了成果但没有转化，那就是零。而目前的状况是，每100个科技成果中，能成功转化10个就不错了，这样巨大的浪费让我痛心。"在他看来，产学研分离是造成这种现象的根源所在，他指出："我们国家已经成为生产技术大国，但还不是强国。如今，我们国家的技术人员数量已经是世界第一，但效率还不行。我们说要建立创新型国家，可打不通产学研瓶颈，何谈迎头赶上？"目前，产学研结合已引起重视，在2006年国务院制定的《国家中长期科学和技术发展规划纲要（2006—2020年）》中，第一部分就强调要建立以企业为核心、市场为导向、产学研结合的创新体系。通过上下努力，拓展研发公共服务平台功能，提倡技术中介商、科技中介人的概念，更好地为企业与研究机构牵线搭桥，已成为大势所趋。

周勤之院士率先垂范，通过在企业建立院士工作站，帮助指导企业开展产学研，把科学技术转化为现实生产力。2013年，周勤之院士与帅锋机械成立院士专家工作站，其研发生产的高速超精密冲床设备填补了国内空白。2014年12月，由周勤之院士领衔的东华大学机械工程学院创新团队，帮助合作单位日照某公司完成创新课题的研发和产业化，获得山东省日

周勤之院士在山东日照贝尔机械有限公司院士专家工作站

照市人民政府纵向项目"高层次创新团队"称号。2019年10月28日，周勤之院士与池州经济开发区合作建立院士工作站，助推长三角科技合作。

身教中彰显情怀

周勤之一家八人曾长期居住在十几平方米的小屋里，组织上多次要为他换房子，他都婉言拒绝了，最后厂里建造职工宿舍才给予解决。20世纪80年代，美国一大企业以高薪聘请他去美国工作。他没有动心，说："我是一个在侵略者炸弹和外国人的冷眼中走过来的人，对自己的祖国有一种难以割舍的依恋。"在谈到对金钱的看法时，周勤之说："我是这么想的，生活好起来，要大家都好起来才有意思。一个人好起来，大家都不好，那不行。"周勤之还说："我去过很多国家，我深切地感到我们国家在技术上不如人家，生活水平也不如人家，还有一点是人家看不起中国人，这个感受很强烈。所以我们大家要努力工作，使我们国家能富强起来，能屹立于世界民族之林。我们作为中国人就很自豪。"周勤之坚持坐班车上班，即使当选为中国工程院院士后，每次去厂里指导工作，他都不坐小车，早上6点半就出门，然后和工人一起坐班车到厂里，50余年来始终如此。

周勤之院士有六个子女，他对孩子们要求很严格。儿子周晶朗说："父亲经常说，你们做错事没有关系，只要下次改正，但不能吹牛，不能华而不实。"外孙张向球说："外公常常告诫我

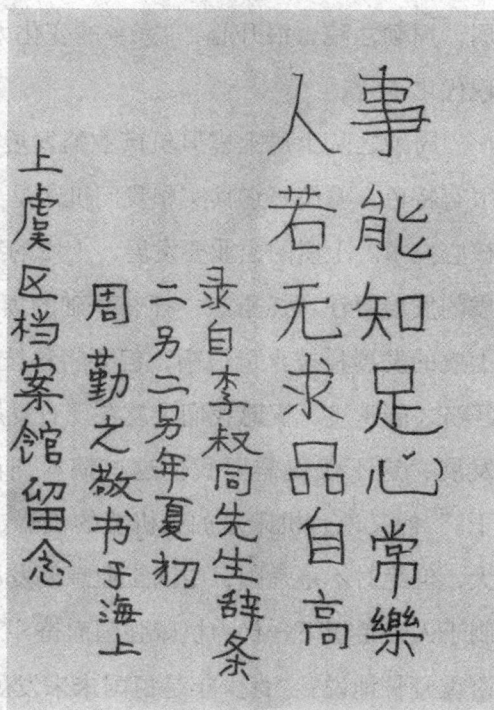

周勤之给上虞区档案馆的题词

们，你们年轻人刚参加工作，不可能马上担当大事，所以要从小事做起，认认真真把眼前的小事做好，这也是对自己能力的一个提高。对技术方面，不但要钻研，技术的面也要宽一点，要看各种各样的业务书。"家里人都按照周院士的要求兢兢业业工作，在岗位上各尽其能。

家山时入梦，乡情常萦怀。每每遇到家乡人，周勤之院士总会兴致勃勃地向他们讲述他在沥海镇东门村曾经度过的一段美好童年时光，包括儿时外婆常常给他讲述的沥海往事。从中可以看出儿时的记忆在他脑海里还十分清晰，他对在上虞度过的那段童年也异常怀念，对家乡抱有一份深深的眷恋。

2006年4月，周勤之回上虞沥海寻根。"年高更重桑梓情，最开心的莫过于回到家乡。那清澈见底的护城河，热闹繁华的沥海老街，幽深古远的弄堂，肃然森严的关帝庙，风格独特的照相馆，常常浮现在脑海中。值得高兴的是，尽管已经历了70年风雨，沥海老街整体建筑风貌仍在，让我顺利地找到了儿时记忆的印记。"最让老人高兴的是，居然在老家还找到了分别几十年的表弟，能见到那么多的故人、亲人，让他十分欣喜。看到家乡的发展，周勤之院士很开心，"家乡的变化太大了，特别是百官城区，已经完全现代化了"。

周勤之院士对上虞风机产业的发展很感兴趣。他说："上虞的风机产业很有特色，要搞好它其实和我们机床是一样的。一定要提高科技含量，掌握核心技术。上虞的企业要发展，上虞的经济要发展，必须走高科技之路。上虞的发展要注意抓重点，抓有基础的项目，自身拥有的优势一定要发挥好。上虞的发展科技含量很高，但要将科技化为生产力，将它工程化、企业化，经济才能腾飞。祝愿我们上虞在现有发展的基础上更上一层楼，实现可持续发展，这不仅仅需要我们这些搞科研的人，更是需要每一个上虞人一起干。"他又说，机床是加工机器的机器，我国是机床大国，在数量上比重很大，但绝对不是强国，中国工业想要发展一定要自己掌握关键技术，不能受制于人，希望下一代为机床强国而奋斗。对家乡青少年的发展，周勤之院士语重心长地说："青少年是祖国未来发展的希望所在，随着思想的开放，国家的发展很快，科学技术日新月异，学习科学知识固然重要，但是我想应该把德放在前面，只有先学会做人，树立为人民服务的理念，才能真正学好科学知识。"这是一名科学家对家乡学子的诚恳寄语。

参考资料：

1. 徐光华主编：《走近虞籍科学家》，科学普及出版社，2010年10月版。

2. 吕云祥：《中国静压轴承领域的开创人——记封底人物虞籍中国工程院院士周勤之》，《科学与文化》，2019年第4期。

3. 华恒：《机械制造专家周勤之》，《中国机械工程》，1995年第5期。

"两弹一星"大功臣

——记中国科学院院士袁承业

　　袁承业（1924.8—2018.1），浙江省上虞县小越镇（今绍兴市上虞区小越街道）人。中国共产党党员。有机化学家，中国萃取剂化学研究的奠基人之一。1948年毕业于国立药学专科学校（现中国药科大学）。1951年7月作为新中国成立后首批公派留学生赴莫斯科全苏药物化学研究所攻读研究生。1955年获苏联科学副博士学位，同年10月回国，任化学工业部医药工业管理局副总工程师。1956年调中国科学院上海有机化学研究所工作。1960年晋升为研究员。曾任中国化学会理事、中国稀土学会常务理事，1984年起两度当选国际主族元素委员会理事。发表学术论文367篇，出版学术专著1部，获国家专利5项，其中美国专利2项。获国家自然科学二等奖1项，国家科技进步奖2项，国家发明奖3项。1978年获全国科学大会奖，1988年获"献身国防事业"奖章与奖状，2001年获何梁何利科技进步奖，2015年获中国化学会磷化学与磷化工终身成就奖。

　　1997年当选为中国科学院（化学部）院士。

一九二四年农历八月十四日，一名男婴在上虞小越镇一个知识分子的家庭呱呱坠地。孩子的父亲是毕业于南京金陵大学化学系后又留学美国弗吉尼亚大学并获博士学位的袁开基。袁开基为新生的儿子取名袁承业，蕴含着希冀儿子"子承父业"像他一样从事化学研究的愿望。若干年之后，袁开基的愿望终于实现了，他的儿子袁承业，不但继承了其父从事化学研究的事业，还成了中国"两弹一星"的大功臣。

艰难求学终不悔

出生于上虞小越镇上的袁承业，原有着一个殷实的家庭。他的祖父是前清的秀才，因在上海做生意挣了点钱，便在老家盖了房子还买了地。袁承业的母亲曹达权，也出身于上虞富庶的家庭。袁承业的父亲袁开基在四个兄弟姐妹中排行最小，祖父本希望儿女们能外出经商，继承家业，但袁开基对经商不感兴趣，执意要外出念书，就这样，一个大家庭就此分开。在袁承业3岁那年，父母带着他离开小越老家，到了上海。

像此前预料的一样，上海对袁开基一家的到来是冷漠的，因为他们没有钱。在袁承业的记忆中，当时父亲为了还去美国自费留学时借亲戚的钱，甚至连买衣服的钱也没有了，父亲穿的那件长衫是由两件长衫拼接而成的，且下面那截长衫还打满了补丁。当时他们家租住在虹口一条里弄的客堂间阁楼上，空间十分狭小，晚上睡觉时连脚也伸不开，袁承业就只好睡在地铺上。

但父亲对袁承业的学习却是不惜工本的。袁承业7岁那年，父亲就把他送入了曾由蔡元培担任首任校长的上海澄衷中学附小去念书。但是好景不长，因袁开基要出国攻读化学，家中生计无着，母亲只好带着袁承业再回老家，并把袁承业送入小越小学读书。两年后袁开基从国外回来，袁承业又随母亲来到上海，转到上海闵行中心小学读书。不久之后，因父亲受聘到南京国民政府卫生署工作，一家人又随父亲迁到了南京，因此，袁承业又转学到南京竺桥小学继续学业，直到小学毕业。

1937年"八·一三"事变发生，上海沦陷，南京的国民政府机关纷纷内迁。刚念完小学的袁承业也随父亲迁到广州。不久，日军就开始对广州进行轰炸，袁承业家的房子也被炸毁，所幸他与母亲及时躲入楼梯下面，才幸免于难。没有了住房，袁开基只好租用了一条船，把家人安顿在船上。尽管如此，父亲对袁承业的学习依然抓得很紧，想尽办法，又把袁承业送入广州郊区的金陵中学去读书。

"无论物质生活多么艰苦，父母亲总是千方百计保证我的学习。"袁承业后来曾回忆说，"他们为了不耽搁我的学习，曾不惜高昂的学费，将我送进沙面（广州的租界）英国人办的学校读书"，但由于实在拿不出这么昂贵的学费，袁承业只在这所学校读了两个月书就退学了。之后，袁承业就到广州的教会学校——圣三一中学继续求学。

1938年10月，广州沦陷，袁承业一家又踏上逃亡之路。他们经桂林，到贵阳，奔重庆，最后在成都的三台县落脚。在这段流徙的日子里，一家人饱尝了战争的恐怖和生死的威胁。千辛万难中，袁承业在父母的坚持下，从未中断学业。袁承业后来曾回忆说，他的小学到初中阶段，曾先后就读于七所学校和两个补习班。

1942年夏天，18岁的袁承业以考试第一名的成绩毕业于四川省立三台高级中学。当时三台中学与从东北南迁的东北大学有个不成文的约定，三台中学考试成绩前三名的高中毕业生，可以免试保送就读东北大学。袁承业非常高兴能被保送进东大化学系学习。因为受父亲的影响，他自小就对化学充满了兴趣。但由于当时金融专业就业机会比较多，经济系则是最热门也是最难考上的专业。于是，年少气盛的袁承业也想去试试，结果真的就被录取了。好事成双，这样袁承业既能读保送的化学系，又能读热门的经济系。然而，不知何故，在袁承业到化学系报到时，被告知保送规定取消了。无奈之下，袁承业只能暂别自己喜爱的化学专业，去读东大的经济系。但因为对经济学实在没兴趣，更因为割舍不下对化学的钟爱，在读了大半年之后，袁承业还是从经济系退学了。

在退学后的那段时间里，家里的经济状况正面临着进一步恶化，因父亲供职的天原化工厂经济效益不好，他的工资被不断地打折扣，加上家中只有他一个人工作，母亲在家做家务，还要供袁承业三兄弟读书，经济实在很困难。因此，家里每天只能吃两稀一干，而中午吃的干饭里，米其实是很少的，其间加了很多的红薯。即便这样，也常常是吃了上顿无下顿。

袁承业与父亲袁开基合影

在万般无奈下，父亲想出了一个办法，用自己掌握的技术，做点与化学有关的产品，以便赚点外快贴补家用，改善一下家中困窘的生活。

当时，袁承业的父亲申请了两个专利。第一个专利是从马尿里提取苯。马尿里面的主要成分是马尿酸，马尿酸的分子式里面有个苯环，只要把马尿酸里面的其他基因都分解掉，剩下的就是一个苯环，于是就可从马尿酸里提取出苯来。苯在当时是非常重要的物资，所以这个专利很实用。还有一个专利，就是从牛油里面分离硬脂酸。牛油的成分主要有凝固点较高的硬脂酸和液体状的棕榈酸，用压榨机把棕榈酸分解掉，得到的硬脂酸可以做肥皂。

就这样，他们因陋就简，说干就干，用家里烧饭的锅做器具，又买了一个手摇压榨机。好在袁承业有的是力气，他不仅是父亲的得力助手，也是主要劳动力。这样干了一段时间，果真生产出了一些产品，卖出去以后，大大缓解了家里经济的困难。

一年后，袁开基离开了供职的工厂，到四川长寿的火柴原料厂当研究室主任，袁承业也准备到重庆考中央大学化学系。但这次袁承业因生病没考上，在家里耽搁了一年。但这一年袁承业也没闲着，他就在家里继续搞硬脂酸的研究和生产，为此，他们在长寿租了一间民房，父亲做技术指导，袁承业参加具体工作，另外还请了一个工人，这样就组成了三个人的小化工厂，但这个小化工厂在袁承业第二年考取药专后就结束了。

1944年夏天，在家里耽搁了一年的袁承业考取了重庆国立药学专科学校，袁承业就读的药物化学专业是一个拥有108名学生的大班级。

国立药学专科学校是抗战时期从南京内迁到重庆的，虽说是个专科学校，但它与其他专科学校有所不同。首先它的学制是四年，其次它的学科单一，就是药学，里面分有生药化学、药物化学等专业。药专的师资力量很强，有不少是当时我国药学界最有名的教授、专家，包括雷兴翰、管光地等一批留美博士。抗战胜利后，学校回迁南京，与中央大学为邻，很多中央大学的教授都来药专讲课，著名的物理化学教授张江树就在药专讲授物理化学。

虽然国立药专的师资力量很强，但是图书资料不多，也没有做化学实验的条件，不过学校还是开设了最简单的化学实验课。没有煤气，就用煤炭炉，煤炉上面放块石棉板来加热、蒸馏；没有自来水，冷凝管无法用，就用高位槽的办法，在实验台上摆个桶，把井水灌到桶里，再用橡皮管接下来做冷凝水；没有电，就用手摇搅拌，硬是因陋就简、创造条件，做了一些很简单的化学反应实验。

尤为可喜的是，当时父亲所在的化学工业研究所实验条件很好，水、电、煤俱全，袁承业利用这个有利的条件，暑假期间总是到研究所做实验。在实验室，他如鱼得水，废寝忘食，做了很多有实用价值的化学实验。比如，那个时候，重庆臭虫很多，他就在实验室试制了一种杀虫剂。他以相关的气体、液体为原料，合成出固体的、具有水果香味的杀虫剂，深受人们

袁承业在国立药专实验室做实验

欢迎。

在国立药专四年的学习生活中，袁承业不仅在学习上取得了很好的成绩，在思想的成长上也获得了长足的进步。尤其是那一年，药专闹学潮，驱逐校长陈思义和贪污的总务主任，袁承业积极地参加了这个行动，并因此成了班里的代表。这也为袁承业日后的成长进步打下了良好的基础。

出国深造立宏志

1949年5月上海解放。一年前从国立药学专科学校毕业的袁承业这时已在一家制药厂上班，27日早上，当袁承业目睹了人民解放军进入上海的时候，心潮澎湃，热血沸腾。在欢庆胜利的日子里，袁承业所在的制药厂被宣布实行军事管制，并改名为上海人民制药一厂。袁承业按军管会安排，被派去参加仓库清点工作。他工作认真，关心时事，积极上进，很快就加入了新民主主义青年团。由于袁承业乐意搞团的工作，组织上就让他担任团小组长、组织干事、组织委员及团支书。后来还安排他担任肃清反革命委员会副主任委员、经济保卫委员会副主任委员等职。由于政治上要求上进，进取心强，业务工作又扎实过硬，1951年5月，袁承业被批准光荣加入中国共产党。

1951年7月中旬，袁承业经由华东人民制药公司提名，中央卫生部选送，赴苏联留学。与袁承业同赴苏联留学的学员共有30名，每人攻读一个专业。他们是中华人民共和国成立后首批公派赴苏联的医学研究生。出发前的两天，政务院总理周恩来在北京饭店专门为留学生们举行了饯行冷餐会，他在冷餐会上对留学生们说："你们安心去学习，三五年后回来，国家需要你们。"周总理的这番话，给了袁承业和学员们以极大的鼓励，鞭策着大家为祖国的建设与强大刻苦学习、多作贡献。

当时国家选派的这批留苏学生是一支很特殊的队伍，除像袁承业这样的进步青年学生外，还有久经沙场、参加过两万五千里长征的红军干部，他们到了苏联后，不但学习勤奋、刻苦，而且态度和蔼可亲。对袁承业来说印象最深的是钱信忠、潘世征和涂通今三位同志。钱信忠学习保健组织，涂通今学习神经外科，潘世征学习普通外科。三年后，他们都获得了医学副博士学位。当苏联人民得知这3位副博士是经历过两万五千里长征的中国工农红军老战士时，无不为之赞叹。当时媒体评论说："钱信忠、涂通今、潘世征走上博士之路，标志着中国工农红军在向科学文化进军中经历了又一个两万五千里的新长征。"

袁承业与莫斯科研究生同学在一起

在留苏期间，这些老大哥在生活上特别照顾袁承业他们，潘世征是他们的党小组长，而钱信忠是党支部书记。星期天，他们经常在一起吃饭，潘世征的厨艺较好，常常由他掌厨，十来个人一大桌菜，吃得非常开心。

在老大哥们的影响下，袁承业加倍努力，从而得到了苏联著名教授舍米亚金的青睐。在论文答辩时，研究所特意请著名教授舍米亚金院士作为其论文主要评审人。1955年，袁承业以优异的成绩通过各门课程的考试和论文答辩，获科学副博士学位（苏联学制）。同年9月，留苏4年的袁承业以优异的成绩完成党所交给的学习任务，学成回国。

"两弹一星"大功臣

袁承业一生的贡献是巨大的，尤为令人瞩目的是他为"两弹一星"事业所作出的贡献。

从苏联回来后，袁承业开始被安排在化工部当管理干部，然而，他钟爱化学研究，希望能在科研一线工作。几经努力，1956年秋，袁承业从化工部调到中国科学院上海有机化学研究所工作。这次工作调动是袁承业人生的转折点。

在中科院上海有机化学研究所工作期间，袁承业在药物研究上取得了一系列进展：多肽合成、电离辐射化学防护药物、防毒浸渍剂……先后研发成功。正当他悉心研究药物时，党中央决定：为了防御敌人的侵略，中国也要搞原子弹。

搞原子弹，要攻克许多技术难关。在党中央的统一部署下，中国科学院所属的许多研究所都投入了攻关，上海有机所的精兵强将也参与了第一个难关的攻克。"国家的需要，就是我的责任。"这是袁承业经常讲的话，也是他的行为准则。为了"两弹一星"等国防任务需要，袁承业毅然从已取得良好进展的药物研究领域改行，组建并领导核燃料萃取剂研究组。他带领科研人员跋山涉水，深入东北偏僻的矿山，在荒无人烟的野外一待就是数月，在条件极其简陋的情况下，他废寝忘食，不避寒暑，在现场做萃取剂实验。

制造原子弹的原料是铀235，但是一般的天然铀能作为原子弹的成分只含千分之几。为此，首先要把铀从矿石中冶炼出来，下一步最重要的也是难度最大的工作，就是通过氟化铀不断连续扩散，把氟化铀235与挥发性差异微小的氟化铀238分离和浓缩出来，这是制造原子弹的头号难关。

核燃料萃取剂是用于从低品位天然铀、钍矿石中提取能级金属铀、钍的重要原料，萃取铀、钍是研制原子弹不可缺少的环节。1958年，中科院受第二机械工业部委托，向上海有机所下达研制萃取剂的任务。有机所及时部署组建由袁承业研究员负责，以陆熙炎、徐元耀、叶伟贞、施莉兰等人为研究骨干，有60多名科技人员和技术工人参加的攻关队伍，分几个小组多路探索几类萃取剂的研制。

1963年，经过实验室研制和实验厂中试，袁承业在叶伟贞等科研人员的协助下，研制出了新型的中性磷萃取剂P350和P311。尤其是P350，它的铀、钍分离系数比国外常用的萃取剂TBP高80倍，许多技术指标均高于TBP。

"立足基础，着眼应用"是袁承业始终坚持的原则。袁承业和他领导的研究团队，在取得已有成绩的基础上，又通过几百个化合物的合成和萃取实验，找到了一系列性能更优良、品种更齐全的萃取剂，其中有11个品种实现了批量生产，从而源源不断地满足了核燃料生产的需要。为了使萃取剂的研制与使用有机地结合起来，袁承业和研制人员深入厂矿现场，观察产品的使用情况，并结合我国包头、金川、攀枝花三大有色金属基地资源的综合利用现状，开展稀土、镍、钴、铜及贵金属等民用萃取剂的研究，所开发的一些萃取剂体系被广泛应用，为我国有色金属资源综合利用提供了有力的技术支撑，更为保护中国的有色金属资源作出了不懈的努力。对此，中国科学院原党组书记、副院长张劲夫同志在其发表的《请历史记住他们——关于中国科学院与"两弹一星"》的文章中，对袁承业及其团队所做出的贡献给予了高度评价。他这样说："提取铀用的萃取剂的研究，在当时对国防建设起了关键作用，没有它就提取不出纯铀。研制成功这种特殊萃取剂的科技人员，是有机化学研究所的袁承业和他领导的小组。"

长期追随恩师袁承业在第一线从事萃取剂研究的有机所研究员袁群，则为他的恩师献上了一首诗：

> 院士人中杰，先生业更优。
> 萃取功二弹，磷学成一流。
> 毕生勤治学，为国壮志酬。
> 老骥展宏愿，更上新楼层。

家国情怀永驻心

袁承业一生热爱科学事业，一心想为国家多作贡献。他常对他的学生们说："我们要饮水思源，祖国和人民培养我们成为一名科技工作者，我们理应为国家的建设和强大多作贡献。"为此，在每次主持研究生报考时，他都要问前来报考的研究生："你为什么来这里？如果为钱、为名的话就请走开，为科学就请进来。""国家和人民的培养一定要回报，人不可没有感恩之心。""作为科技工作者，我们应当把自己做小，把

袁承业院士（中）与研究生在一起

事业做大，使自己成为国家事业的一部分。"

他把研究生的培养看作是自己科学研究生涯的一个重要组成部分，他坚持"研究生注重的是培养，不是当劳动力使用"和"研究生的培养不能只靠导师，还要靠导师研究团队的集体智慧"。为了掌握研究生们的学习、工作和思想状况，袁承业主动提出和研究生党员编在同一个党支部，一起过组织生活，给他们上党课，用自己的亲身经历，启发学生树立正确的人生观、世界观以及为国为民的责任感和使命感。

几十年来，在袁承业身边学习、工作过的研究生、大学生、高中生和复员转业军人近130人，他们在袁承业的关心、帮助下，学习认真，工作积极，科研出色，有不少人成为院士、科学家、教授和科研骨干，还有些人担任了政府部门、科研院所的领导。他们都在各自的工作岗位上为国家的建设和强大贡献着力量。

袁承业自己也一样，自从当选为院士后，因为不受退休年龄的限制，他继续工作，不仅带研究生，还经常带领学生到第一线开展生物活性有机磷化合物及钍基熔盐堆、盐湖资源综合利用、稀土资源高效利用等基础科学和技术创新等国家重大课题的研究，并为此向中国科学院提交了《盐湖战略锂资源的保护和高值化开发》《重视我国盐湖资源综合利用——加速战略能源金

属锂的开发》等7篇院士咨询报告及院士建议。

2005年6月，中组部组织了一批院士专家赴贵州考察，时年已81岁高龄的袁承业本来可以不去，但他认为为地方经济发展出谋划策是他义不容辞的责任，加上自己身体尚可，于是，他便积极争取前往。在贵州，袁承业每天不辞辛苦，上矿山、下车间，与干部职工座谈研讨。中午匆匆忙忙吃一口饭，顾不上休息，下午又继续到另一个企业考察指导。他的想法是，下基层就是要到厂矿多跑跑，多看看，尽其所学，多留一点东西在这里。他的身体力行，使大家非常感动。

人生有止境，奋斗无止境。袁承业常用苏联钢铁英雄保尔·柯察金的名言来激励自己和年轻人，他说："作为科学家，在他生命的最后一刻，应该问问自己，我这一辈子为国家做了哪些有用的贡献。"正因为如此，即便到了90岁那年，袁承业也从未停下过他奋斗的脚步。

回到家乡作贡献

袁承业院士一直以来有一个心结，那就是如何用自己的智慧实实在在地报效家乡上虞。一次，他与上虞有关领导谈家乡的发展思路时，双方不谋而合地想到了同一件事——创建院士专家工作站。

与上虞方形成共识后，德高望重的袁承业院士便很快投入到这一产学研结合的科研活动中。经上虞市科学技术协会牵线搭桥，袁承业于2013年7月回到家乡上虞，创建了浙江龙盛集团股份有限公司院士专家工作站。

浙江龙盛集团股份有限公司是一家科技实力强、经济效益好的企业，院士专家工作站的成立，更使它如虎添翼。工作站引进博士5人（博士后2人），培养教授级高工1人、高级工程师15人，1人入选绍兴市"330海外英才计划"第十三批C类人才，5人分别入选省151人才工程重点资助、第二层次、第三层次培养人员，为龙盛全力推进实施的"人才培养引进系统工程"加了把猛火。建站当年，就承担完成了8项成果转化，累计创收3700余万元。

袁承业院士对工作站倾注了很大心血，工作站也为企业经受住市场经济的风险考验立了大功。2013年国家商务部对日美两国间苯二酚倾销事实的裁定最终尘埃落定，并开始征收反倾销税，时间为5年。这在客观上为国内同行带来了利好消息，但部分企业却高兴不起来。间苯二酚主要用于染料、塑料工业以及医药、橡胶等，国内的供需缺口一直很大，其中40%依赖进口。但由于长期受到进口产品的冲击，间苯二酚价格逐年下跌，逼得国内不少生产企业接连放弃，只留下为数不多的企业还在苦苦支撑。

　　要彻底改变被动局面，必须赶在5年内乘势而上。刚成立不久的袁承业院士专家工作站作为一支新兴力量，承接了间苯二胺水解生成间苯二酚和间氨基苯酚的工艺优化。通过多年研发攻关，工作站连续突破不稳定多组份分离技术和回收物循环回用技术，使得水解收率和联产工艺优势双双提升，同时还解决了间氨基苯酚磺化碱熔法这一传统工艺的高污染治理难题。

　　袁承业院士专家工作站的成功创建，印证了邓小平同志的一句名言："科学技术是第一生产力。"

参考资料：

1. 谢牧人主编：《绍兴籍院士风采录》，人民日报出版社，2008年10月版。
2. 中国科学院学部官网。
3. 中国科学院上海有机化学研究所有关资料。
4. 中国科学院上海有机化学研究所编：袁承业院士90华诞志庆集。

有"钛"度的材料人

——记中国科学院院士曹春晓

曹春晓，1934年8月6日出生，浙江省上虞县梁湖镇（今绍兴市上虞区梁湖街道）人。中国共产党党员。材料科学家、钛合金专家，我国钛合金研究和应用的创始人之一。1956年从上海交通大学机械系毕业。1987年起，一直任北京航空材料研究院（621所）研究员、博士生导师。曾任中国航发北京航空材料研究院（以下简称"航材院"）学位评定委员会主任和南昌航空大学学术委员会主任。曾兼任国防科工委专家咨询委员会委员、国防科工局科技委委员，全国博士后管委会材料科学与工程专家组组长，中国航空学会常务理事兼材料工程分会副主任、名誉主任和无机非金属及金属基复合材料专业委员会副主任，国家大型飞机重大专项专家咨询委员会委员，中国机械工程学会塑性工程学会理事长，中国有色金属协会钛业分会会长等职。现在航材院从事材料科学与工程领域的科研工作，兼任国家大型飞机重大专项专家咨询委员会委员等职。发表学术论文200余篇，编著《材料世界的天之骄子——航空材料》《锻件质量分析》等，拥有发明专利2项。1989年获国家级有突出贡献专家称号，2001年获航空报国金奖，2006年获航空报国突出贡献奖。先后共获国家级和省部级科技成果奖16项，其中国家科技进步一等奖1项（第一完成人）、二等奖3项、国家发明三等奖2项。

1997年当选中国科学院（技术科学学部）院士。

曹春晓出生在烟雨江南的上虞，求学在十里洋场的上海，学成后北上京城，在西山脚下的北京航空材料研究院里工作。64年来，曹春晓以矢志不渝的科技报国心，拼搏在以钛合金为主的航空材料研究与应用科研一线，不断开创新型钛合金和钛-铝系金属间化合物及其制备工艺，成功研制TC4钛合金、TC11新型钛合金、Ti-55高温钛合金和TD2合金等先进材料，批量应用于多型航空发动机，将我国一代代航空装备送上蓝天，最终成为国内外知名的钛合金专家，践行了自己科技强国的梦想。他淡泊名利只求奉献，热心科研和科普工作，严于律己关爱他人，热爱生活多才多艺，用"三思""三勤""三善"传播正能量。他感恩国家的培养，耄耋之年仍奔走各地为我国大飞机和航空发动机的研制尽心竭力。他用一颗赤诚的心，书写了对材料、对航空、对祖国的大爱情怀！

少年求知悟人生

位于上虞城南的梁湖街道，山川秀丽、历史悠久、文化灿烂、地灵人杰，是城区南大门，素有"后花园"之誉。梁湖中部有一个曹家堡，浙东古运河从村堡西南流过，东面有皂李湖，周围还有象山、龟山、狮山、跳头山等，可谓山水形胜、物阜地丰、耕读传家、民勤人智。

1934年8月6日凌晨，曹春晓出生于梁湖曹家堡，常年在外经商的父亲曹荫培已提前从上海赶回老家，和妻子金巧云及家人一起庆祝孩子的诞生。孩子满月后，曹荫培放心不下上海的旅社和绸布庄生意，打算回上海继续经商。临走的那天晚上，妻子金巧云要丈夫给孩子起个名字。曹荫培一边喝着绍兴老酒，一边思索：老大取名春旺，预示家庭和事业兴旺发达；老二取什么呢？片刻沉思中突然来了灵感："就叫春晓吧！"妻子问他为什么取这个名字，曹荫培说出了三个理由：一是孩子是拂晓出生的；二是"晓"字富有诗意，家喻户晓的孟浩然诗《春晓》中就含有"春晓"两字；三是"晓"字主要寄希望于孩子将来通晓事理，做个有学问的人。妻子听罢，啧啧称妙。当时的他一定没有想到，这个名叫曹春晓的孩子，长大后会成为一名国内外著名的航空材料科学家。

曹荫培的生意渐有起色，赚了些钱。在其挚友夏丏尊的启发下，他决定举家迁居上海，欲给孩子们最好的教育。1937年，3岁的曹春晓随母亲和大哥一起来到上海，住在黄陂南路123弄1号霞飞路口（今淮海中路）法属租界的弄堂里。此后，金巧云又生下一子一女。曹春晓兄妹4人，在上海度过了快乐的童年时光。这个家庭的3个男孩都考上大学，成为栋梁之才。曹春晓的大哥毕业于华东纺织学院，弟弟毕业后在中国船舶重工集团参加工作。

曹春晓自幼有一种与生俱来的好奇心和求知欲。只要遇到没有见过、没有听过的新东西，他一定想办法求解。上小学后，他迷上了《水浒传》《西游记》等古典文学作品，夜以继日地阅读，眼睛也因此近视。一开始，曹春晓不愿意戴眼镜，怕被人嘲笑，结果遇到了好几次险情差点没命，最终曹春晓主动佩戴了眼镜。这件事让他印象很深刻，形成了做事尤其是重要事情前一定要慎重思考、总结教训、正确决策的习惯，并成为曹春晓一生遵循的"三思而行、行而三思"为人处世之道的源头。

弃文从技强国梦

夏丏尊是上虞崧厦人，为中国著名文学家、教育家、出版家和翻译家，当时任中国文艺家协会首任主席，是上海抗日救亡运动中相当有影响力的人物。夏丏尊和曹荫培是朋友，经常来曹荫培家中做客。父母时常以夏先生作榜样鞭策曹春晓，要他做一个有学问受尊敬的人。夏先生更是有意栽培聪明灵慧的曹春晓，赠予其译著《爱的教育》，鼓励他多读书多探究。在父母和老师的影响下，小学期间曹春晓已经表现出超群的自律性、专注力和探究力。他课业成绩优异，深得师长喜爱。三年级时，曹春晓已阅读了很多中国经典文学名著，并立志长大成人后要做一名出色的文学家。

然而，随着抗日战争局势的发展，上海生灵涂炭、民不聊生。曹春晓与同学一起耳闻目睹了日本战机低空轰炸居民区，想起老师悲叹中国军力太弱以至没有对空作战能力，眼看家乡沦陷于日本帝国主义的铁蹄之下，少年的心十分刺痛。于是他想到初中课本上，伟大的发明家瓦特制造出"蒸汽机"，推动了技术进步并拉开了工业革命的序幕。他心底的火被彻底点燃，产生了奋发图强、科技强国的信念："国家需要文学，但更需要科学技术，特别是国防科技。我要学真知识、真本领，长大后努力成为一个科学家。"

中华人民共和国成立后，曹春晓因成绩优异获学费减免进入上海市南洋模范中学，这进一步培养了曹春

1954年6月，曹春晓（后排左三）入党后与党支部同志合影。前排右二、右三为他的入党介绍人蒋璐、姚季华，后排右一为党支部书记黄良余

晓对科学的兴趣。经过三年苦学，1952年，曹春晓考入上海交通大学，入读机械制造系金属压力加工专业，刻苦钻研学习。大学一年级时，他正式向党组织提交了入党申请。1954年6月，支部大会通过决议，吸收曹春晓为中国共产党党员。

1956年曹春晓大学毕业，学校打算让他留校任教，但他却一心一意要到国防科研单位从事科研工作。曹春晓后来回忆道："那个年代留校任教是相当体面的就业出路，但我觉得当时大学不重视科研，执教工作很长一段时期还是要从课本到课本，从课堂到课堂，而我早已立志要制造先进武器，强大国防，抵御外侮……"最终，系主任被曹春晓科技强国的笃诚信念所打动，在征得校方同意后，将他分配到刚组建的国防科研单位——北京航空材料研究所。

航材所1956年5月新建立，资料设备都很匮乏，条件十分艰苦。刚分配来的大学生，住在一间非常简陋的粮仓里，苍蝇蚊子轮番"轰炸"，经常

让曹春晓睡不好觉，但他并不介意。不久，所址迁至海淀区温泉乡冷泉村后，工作生活条件有所改善，但地处荒僻，夜里寒风裹挟着狼嚎，可"一想到就要在这里参与筹建钛合金实验室，能够参与我们国家钛合金材料从无到有的历史见证，一种无怨无悔的自豪感油然而生"。

当曹春晓一边在事业上立誓为祖国科技奉献终身时，他生活中的终身大事也翩然而至。大三时，曹春晓收获了真挚的爱情。张琲联，一个学习成绩好、漂亮端庄、温存和善、热心公益的同班女同学喜欢上了年轻而富有活力的曹春晓。两人互为知音、心心相印、相互鼓励，在双方父母的赞许下，两人分配到北京航空材料研究所后就结婚了。从此夫唱妇随，共同把航空材料这块阵地作为创业和实现人生价值的最好舞台。

航空材料先锋者

钛材料是20世纪50年代发展起来的一种新金属，钛合金因具有密度低、强度高、耐蚀性好、耐热性高等特点而被广泛应用于各个领域，尤其对于新中国的军事、经济和社会发展具有非凡的战略意义。为探索性能更加优良、稳定的钛合金，一代又一代的航空材料专家历经了常人难以想象的艰辛，作出了巨大的牺牲和奉献。

1956年10月，冲破美国阻挠毅然归国的知名金属物理学家、航空材料专家颜鸣皋来到航材所，负责筹建钛合金实验室。曹春晓被选中担任颜鸣皋的助手，自此在钛合金研究领域"越陷越深"。1960年，经过专家们争分夺秒、攻坚克难、实验论证，第一块T-4钛合金薄板在鞍钢第二薄板厂研制成功。当时工厂保卫保密部门出动了很多人守卫监视轧板现场，无关人员一律不得入内。

当时，航材所已经研究钛合金多年，但还没有一个钛合金零部件应用到航空发动机上。曹春晓深感责任重大，由此开展了在涡喷6发动机上推广应用Ti-6A1-4V合金压气机叶片和盘的研究。1966年，在曹春晓等人的努力下，我国诞生了第一台装上钛合金叶片的航空发动机并成功通过长期试车。

之后，他与其他科技人员将 TC4 钛合金叶片和压气机盘扩大应用到五六种机型之中，取代了原来笨重的钢叶片和钢盘，减轻了发动机重量，提高了发动机的推重比。

20世纪80年代初，国家决定给空军装备某种新型歼击机，所用的发动机急需一种耐热温度比 TC4 合金高100℃、拉伸强度比 TC4 高100MPa 的 TC11 新型钛合金盘模锻件及材料。考虑到当时我国的冶金工艺在制造水平上的缺陷，产品无法达到优良的综合性能，国家打算花500万美元从国外订购该产品。500万美元，这在当时是一笔不小的数目。那时，1斤粮食才1角多人民币。曹春晓得知后，心中非常难过："难道我们只能求助外人而不能自己研制吗？如果我们不自己干出来，始终就要受制于人。"一种为民族争气、为国争光的志气在他胸中涌动。"断鹤续凫，矫作者妄；移花接木，创始者奇。"经过反复研究，曹春晓创造性地提出了一种高低温交替的新型锻造工艺，能显著改善大锻件内部组织性能的均匀性和稳定性。由于工艺的创新和产品的及时研制成功，原定用来进口材料的500万美元外汇节省了下来。

正在连续作战的紧要关头，曹春晓接到家中急电，父亲病危。曹春晓心中十分纠结。自古忠孝不能两全。为振兴航空报效祖国，他只能将亲情放在第二。待大炉研制现场锻完最后

在贵州安大锻造厂研制成功 TC11 钛合金盘模锻件后，曹春晓（左）与工厂技术人员钟天纺（右）、宋素波（中）在车间现场合影

一个饼（环）坯，曹春晓匆匆赶到医院，然而父亲已与世长辞……

曹春晓在钛合金实验室里创造了多个第一。1962年，曹春晓将在科研工作中的一些实验数据及其变化规律进行总结，归纳了自己经手的三个$\alpha+\beta$型钛合金（T-8、T-10、T-11）心得，发表第一篇学术论文提出"超高温锻造"和"相变温度压延"创新性工艺。1964年，他与室主任王金友商量后，共同提出以TC4钛合金叶片和盘研制作为我国航空用钛的突破口。1966年，他率领课题组制成第一台装有钛合金转子叶片的航空发动机长期试车，书写了我国航空发动机用钛史的第一页。1986年，曹春晓作为"550℃高温钛合金（Ti-55合金）的应用研究"国防科工委"八五"重点预研项目的负责人，率领跨部门的大型联合课题组，突破了八大关键技术，圆满地完成了在某新型航空发动机压气机盘、叶片和鼓筒上成功应用，标志着我国高温钛合金的应用达到了新水平。20世纪80年代，始终关注科技前沿的曹春晓获悉国外正在研制一种使用温度可达650～700℃的金属间化合物Ti_3Al后，提出立项论证报告，列入国家"863"高科技项目。曹春晓率领课题组创造性地采用了具有我国特色的熔炼、锻造和热处理工艺，突破了"室温脆性"等技术难关，成功地研制出了我国第一批Ti_3Al合金航空发动机零件。2006年，国务院批准成立大型飞机方案论证委员会，曹春晓作为专家咨询委员会委员，为C919大飞机项目的材料研发和应用作出了各种努力。

"春眠不觉晓，倾情钛之鸟。"曹春晓为钛的航空事业"钛之鸟"注入了毕生航空之情，成就斐然。1978年1月，全国科学大会在人民大会堂举行，国家为"TC4钛合金在航空发动机上的应用研究"课题颁发了全国科技大会奖，首肯了TC4钛合金在航空应用领域开路先锋的地位。1989年，他获得国家级有突出贡献中青年专家称号。1996年，他荣获光华一等奖。2001年，他获得航空工业系统最高奖——航空报国金奖。2012年，他获得中国钛工业杰出贡献奖。2013年，他获得航空航天月桂奖终身奉献奖。2016年，他获得中国钛科技终身成就奖。据不完全统计，曹院士获国家级和部级科技成果奖16项，发表论著200余篇。

64 载征战科研沙场，这其中需要背负的巨大压力，常人可能无法想象。1995年，因过度疲劳，曹春晓病倒了。经过急救，曹春晓安装了心脏起搏器。他开玩笑说："起搏器的外壳是钛合金做的，我搞了一辈子钛合金，这下更是与钛合金结下了不解之缘啊！"

"三思""三勤"助攀登

曹春晓院士根据自己丰富的实践经验，在思考人生的基础上提炼了"三思""三勤""三善"等哲理，勤于思考、严于律己，对党忠诚、家和事兴，从而成为指导自己行为的准则，助航他不断攀登科研高峰。

曹春晓院士的许多发现和科研成果，都是在刻苦学习和大量探索性试验的基础上，经过绞尽脑汁冥思苦想才取得的。为此，他写过一篇《三思而行，行而三思》的文章，文中有许多根据自己亲身体验总结出来的"三思而行才能择善而为""行而三思才能脱颖出新"等精辟论述。2000年，此文被收入《院士思维》（选读本）。曹春晓院士认为，事业要成功，必须具备天资、勤奋、机遇、修养四个要素，其中勤奋是比较重要的，包括勤学习、勤实践、勤思考三个方面：勤学习，才能吸取前人的经验教训，及时掌握国内外动态，站在高的起点而能少走弯路，缩短行程；勤实践，才能取得第一手资料，才能有真知灼见，才能搞出成果；勤思考，才能有良好的学习和实践效果，才能融会贯通，开阔思路，提炼升华，发明创造。

曹春晓院士不仅在学术上有着很高的造诣，在自身修养上也焕发出高尚的人格魅力。他总结出一些寓意深刻的座右铭式的行为指南，如"善自控、善合群、善生活"（简称"三善"）等。所谓善自控，就是在各种情况（包括周围不良风气）下都要善于自我控制；善合群，就是要有群体观念，要善于搞好上下左右的关系，团结协作，共同奋战；善生活，就是要使生活丰富多彩，情趣多元化。

曹春晓院士时刻用一名共产党员的标准要求自己。一谈到党，他就满怀深情地说："我的自然生命是父母给的，我的政治生命是党给的。我珍惜自然生命，更珍惜政治生命。我活着一天，就要为党的事业奋斗一天。"这位大学时代就入党的学者，集中了新中国第一代知识分子的诸多优点：勤奋刻苦、事业心强、责任感强、淡泊名利、报效祖国。他用丰硕的科研成果和崇高的品格，诠释了一个共产党员的责任与担当。

曹春晓院士一直重视对年轻人的培养，主动担当起传授知识和传递科技接力棒的光荣任务，既注意传授指导，又放手锻炼他们独立解决问题的能力。从1982年至今，他先后指导了20余名硕博士研究生和博士后，均以优秀成绩毕业或出站。1993年，曹春晓院士被评为航空航天工业部优秀研究生导师。曹春晓院士还很关心学生的生活，学生经济拮据、购房资金紧张、调动工作不顺等，他都会尽全力帮助他们。

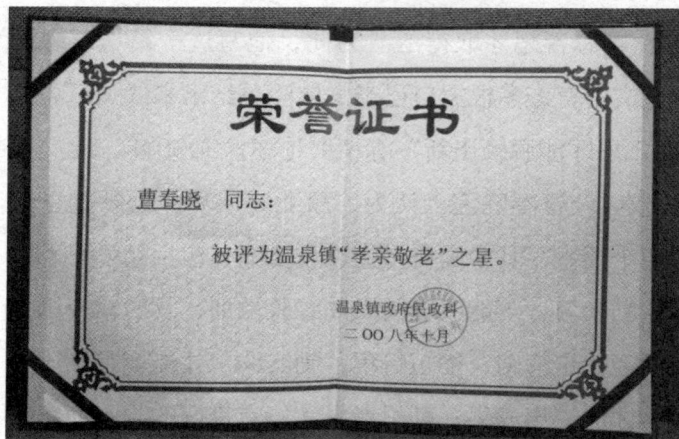

曹春晓院士对自己要求特别严格，航材院为他配备了专车，但他每天坚持骑自行车上下班，成为航材院一道亮丽的风景线。2014年7月，航材院举办院士论坛，恰逢曹春晓院士八十大寿，大家一起祝贺，一些朋友还给他送了礼物，但他却将这些礼物折成现金，自觉上交给院工会作为爱心帮扶基金。在对待家庭上，曹春晓院士怀以同样的责任心和感恩心。自1958年2月与张琲联喜结连理62年来，两人风雨同舟、互敬互爱、勤俭持家。刚结婚时住房很小，因岳父去世就把岳母接来同住，5个人把家里挤得满满的。没有地方放书桌，他就在卫生间里支起小桌子写下多篇学术论文，无怨无悔。其悉心赡养百岁岳母的故事被传为佳话，2008年北京市海淀区温泉镇政府授予他"孝亲敬老"之星荣誉称号。

回报社会显大爱

　　曹春晓院士很早就意识到科普教育对提高全民素质、建设创新型国家的重要意义，于是积极宣传普及科学知识，如走上"首都科学讲堂"等各类讲台，多次为大众作科普报告，唤起更多人对航空的热爱。他还积极与媒体合作，通过接受电视台、报纸、网络的采访进行宣传。在当选院士之后，曹春晓院士花了更多的精力从事科普创作。他体会到，做好科普是挺难的，必须深入浅出，把复杂、深奥的问题用通俗、流畅的语言讲出来，激起各式各样原来不大懂的人的兴趣，使外行弄懂少数人所钻研的学问并理解他们。他潜心编著了《材料世界的天之骄子——航空材料》一书，书名、章名、节名用语雕琢，文笔流畅，做到图文并茂、深入浅出。读者阅读后，对"崛起的第三金属""古老而又年轻的陶瓷""机敏善变的形状记忆材料""吞吐自若的储氢合金"等有了一定程度的了解，达到了曹院士的基本要求——"对于我们这本书，我希望本来没接触过航空材料的人看了以后也能懂"。

曹春晓在首都科技讲堂上作科普报告

2001年，曹春晓主动提出将南昌航空大学给他的报酬拿出来，设立"昌航之春"奖，用于奖励在教学、科研和管理方面作出重要贡献的教职员工。迄今已评出9届，奖励总金额近80万元。2007年，曹春晓院士听到一些品学兼优的贫困大学生事迹，于是他向学校提出将后期的报酬拿出来另设"春晖"奖学金，迄今已经评选8届，奖励总金额近10万元。曹春晓院士的善举在昌航传为佳话。2009年起，昌航每年从部分新生中选拔基础扎实的优秀学生，设立以曹春晓院士命名的"春晓班"，培养拔尖创新人才，回报曹春晓院士的大爱精神。2015年5月29日，拥有60多年党龄的曹春晓及夫人张琲联女士将省吃俭用存下来的50万元捐助给了航材院，设立了"春联爱心基金"，用以帮助因急重病、重大灾害、意外事故等造成家庭基本生活严重困难的职工。

大爱无言。一个个奖学金的设立、一次次爱心捐助，彰显了曹春晓忠诚于航空事业，无私奉献，践行"动力强军、科技报国"的誓言，用实际行动谱写航空大爱的博大情怀。

多才多艺文武全

曹春晓院士既热爱事业又热爱生活，是个多才多艺的科学家。1957年，曹春晓为激励自己进一步勤奋学习，以唐代诗人孟浩然的《春晓》为原型，改其意作了一首"曹氏"《春晓》诗。诗曰："春学勤于晓，人起未惊鸟。夜来朗朗声，书读知多少。"这就是改诗言志。在科研忙碌的时候，他也会"诗兴大发"，作几首诗歌，排解研究劳累，赢得同事赞赏。他曾经送给年轻人一副题为"善生活"的对联——"巧安排忙里偷闲，爱生活情趣多样"，足见功夫。他喜欢音乐，每逢研究院有活动他总唱几首中外名歌，让脑细胞得到充分的休息。2018年12月，中国航发航材院工会举办庆祝改革开放40周年职工文艺汇演，曹春晓院士的情景朗诵《沁园春·钛》荣获最受欢迎朗诵类节目。他还爱好体育，是个乒乓球爱好者，年轻时得过航材院单打冠军，年岁稍长还获得老年组冠军。有人评价说："曹春晓院士打球，

曹春晓与侄子曹大元（著名九段围棋国手）切磋棋艺

风格犹如其人，以守为主，以稳为本，以柔克刚，以韧取胜。"他喜欢和青年朋友下围棋，既锻炼智力又增进友谊。大哥曹春旺的儿子曹大元是中国围棋队九段高手，每次曹大元前来看望，他总要拉上侄子一起下两盘。

故乡情怀绕心间

曹春晓院士虽然很小便跟随父母离开上虞，但对家乡曹家堡总有着一股别样的情怀，他非常关心家乡的发展。他说："因为我的根在上虞，她对我的影响就像基因一样留在我的身体里，所以每次来绍兴开会，我都会抽空回上虞看看，探望亲戚。上虞变化很多，发展得不错，进步很大。"

3岁离家，如今已离开80余载。2009年10月，带着无不激动的心情，曹春晓院士专程赴梁湖镇皂李湖村曹村旧宅寻根。曹家后人拿来《板桥曹氏大全宗谱》，向曹院士详细介绍板桥曹氏的来龙去脉。曹春晓院士还在一张曹家后代的分房书上找到了自己父亲的名字，非常激动。在曹家堡乡亲的带领下，曹院士参观了曹家旧宅99间走马楼、老台门遗迹及保存完好的大板桥等。在曹家旧宅前，他久久伫立，恋恋不舍，故土乡情永远萦绕在他的心间。一路走一路看，家乡的巨大发展与变化更使曹院士感到由衷的高兴，他表示：作为梁湖人，宣传家乡、服务家乡是义不容辞的责任，他愿意为家乡的发展作出自己的贡献。

提到春晖中学，曹春晓院士连连称赞，春晖是一所很有名的中学，春晖文化更是上虞文化的精髓所在。他非常关心家乡的教育事业，2001年参加了春晖中学的校庆典礼，2009年为春晖学子作了题为《怎样才能拥有好人生》的励志报告。曹春晓院士通过自己成功的经历，从快乐人生、成功人生两个方面，为学生们上了一堂很好的励志教育课。朴素而辩证的讲演、真实生动的例子加之风趣幽默的语言，获得在场师生的热烈掌声。他寄语家乡学子要珍惜青少年时期的宝贵时光，以强国富民、奉献人类为永不熄灭的强大动力，快乐地扑打青春的翅膀，始终保持积极的勤奋状态和良好的心态。勤奋，勤奋，再勤奋；修养，修养，再修养。努力拥有一个成功人生和快乐人生。报告期间他还不时地开展与学生的互动对话，回答学生提出的问题，课后与学生们合影，并为学生们签名留念。

回上虞作励志报告

2020年1月18日，86岁高龄的曹春晓院士接受《上虞日报》记者采访，他亲切地通过记者向家乡人民送上新年的问候："新的一年，祝愿家乡上虞在各个方面蒸蒸日上，实现全面小康，大家新春快乐！"

弄潮潮更阔，踏浪浪飞歌。他用务实熔铸理想，用创新开拓成就，用担当诠释信仰，用奉献回馈家国，在驰骋了一生的科研战场上，曹春晓仍在精神抖擞、气度轩昂地拼搏着，战斗着……

参考资料：

1.徐光华主编:《走近虞籍科学家》,科学普及出版社,2010年10月版。

2.施宗灿:《多彩的人生》,航空工业出版社,2010年1月版。

3.刘洁、方学:《中国航发航材院研究员曹春晓:科技报国钛生花》,《中国航空报》,2017年6月2日。

4.彭科峰:《曹春晓院士:有"钛"度的材料人》,《中国科学报》,2013年9月27日。

5.邵肖梅:《曹春晓,造飞机的绍兴人——记中国科学院院士、材料科学家、钛合金专家曹春晓》,《今日科苑》,2011年第11期。

揭秘失效　探索真谛

——记中国工程院院士钟群鹏

钟群鹏，1934年10月出生。浙江省上虞县（今绍兴市上虞区）丰惠镇人。中国共产党党员。中国机械装备失效专家。1957年于北京航空学院（现北京航空航天大学）研究生毕业。留校后历任讲师、副教授、教授，材料失效和预测预防研究所所长，中国—加拿大机械装备失效分析和预防人才培训中心主任，校学术委员会主任、名誉主任。在机械装备失效分析和预防工作领域进行了系统的、有开创性的研究，在金属材料的断裂模式与机理、弹塑性断裂判据与安全评定、失效损伤的早期检测与治愈机制、宏微观断口物理数学模型与定量分析、失效学的技术体系、哲学理念与安全管理系统等方面作出了一系列的贡献。曾任国家安全生产专家组综合组组长，国防工业质量与可靠性专家组组长，中国机械工程学会副理事长，中国安全生产科学技术学会副理事长，中国特种设备安全与节能促进会首任副会长，中国机械工程学会失效分析分会主任委员、名誉主任委员。承担国家重点科技攻关、"973计划"、中国工程院重大咨询项目等多项课题，主持或参与重大安全失效事故分析和预防决策500多案例。多次获得国家科技进步奖、省部级科技进步奖。在80年代初首先发起成立国内第一个失效分析学会组织，主持和参与召开多次机电装备失效分析预测预防战略研讨会，并组织召开了两次国际会议。参与建立安全科学与工程一级学科的有关工作。曾任《中国安全生产科学技术》《机械工程学报》编委会主任委员，《中国安全科学学报》编委会副主任委员，《机械工程学报》编委会名誉主任委员，"机械产品失效分析丛书"编委会副主任委员，《中国材料工程大典》编委会第一副主编，"制造质量强国战略研究丛书"课题组组长。著述有《断口学》《裂纹学》《失效分析基础》等，发表论文100多篇，培养硕士、博士50余名。

1999年当选为中国工程院（机械与运载工程学部）院士。

在我国有一位著名的机械（电）事故的"法医"，他就是北京航空航天大学教授、博士生导师、中国工程院院士钟群鹏。

在几十年如一日的科研中，钟群鹏用严谨求实的态度维护着科学的公正，承担着失效分析及预防这一份重大而神圣的责任。

志之所趋 无远弗届

钟群鹏出生于1934年10月，老家在浙江省上虞县（今绍兴市上虞区）丰惠镇。1937年，七七事变爆发，两年后战火燃及上虞。1940年4月28日，丰惠古城遭日军轰炸，百姓纷纷逃难，钟群鹏的父亲也带着全家逃离了家乡，一家人颠沛流离，东奔西走，最后到了温州乐清才安顿下来，这一年钟群鹏5岁。

没想到刚到乐清不久，钟群鹏在一次与同伴玩耍时不小心跌进了深沟，造成了严重的脑震荡，由于缺医少药，钟群鹏竟迷迷糊糊地"疯"了一个多月。大夫说："这孩子的脑子伤得有点重，如果要恢复，一定要多动脑子，譬如练数学，数学可能会使脑子活起来。"从此，钟群鹏就开始以顽强的毅力学习数学，慢慢地大脑竟奇迹般地康复了。

记得有一年的暑假，钟群鹏在浙江大学化学工程系读书的大哥带回来一本厚厚的精装书《微积分》。大哥复习功课时，总会把这本《微积分》打开来，这时，刚才还在旁边玩耍的钟群鹏顿时会安静下来，然后，情不自禁地走到大哥身边，双手托着小脑袋，神情专注地盯着这本写有各种各样神奇符号和数字的书。有时候，钟群鹏也会缠着大哥，指着书上的符号问这问那，一副非要弄懂它们才罢休的架势。在一次又一次的询问中，大哥觉察到弟弟对学习的兴趣，于是便主动提出把这本《微积分》书送给他。抱着书的钟群鹏如获至宝，高兴得蹦跳了起来，逢人便说。钟群鹏渴望读书的这一幕也被父亲看在眼里，这一年9月，正好钟群鹏到了上学的年纪，父亲便凑了一笔学费，把钟群鹏送进了附近的小学。

由于时局动荡和不断逃难，钟群鹏的小学共念了两所，而且又分了三个时间段，到1947年小学才毕业。也就在这一年，钟群鹏跟着父亲来到了金华市，他先去乐清县念了一年半中学，然后又回金华念到了中学毕业。聪慧的钟群鹏不负期望，学习成绩一直名列前茅，尤其是他的数学成绩从来都是第一名。

钟群鹏成绩优异，可绝不是个"书呆子"，学习之余他还非常热衷观察周围的事物。在乐清时，他偶然看到一辆报废了无法开动的小汽车，便思考着怎么才能让汽车开起来；而当他平生第一次见到火车时，他便被壮观的火车深深吸引，迫切地想学习机械去开火车，以探索火车内在的奥秘……钟群鹏从小就养成了善于观察、积极思考、渴望探索的好习惯，这为他以后终身从事科研工作并在失效分析等领域作出重大贡献打下了扎实的基础。

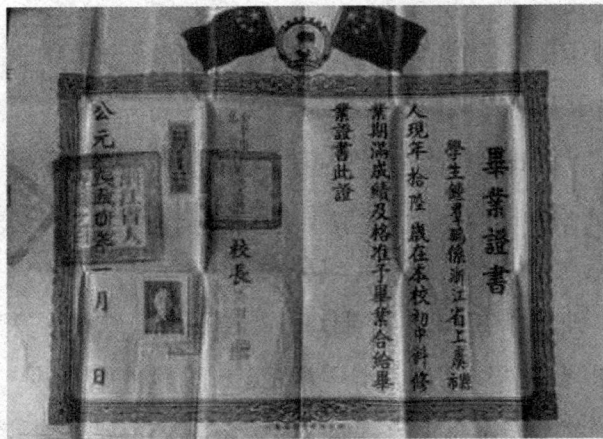

钟群鹏初中毕业证书

1950年1月，金华市刚解放不久，钟群鹏在学校加入了中国新民主主义青年团，不久后便担任了学校的团支部宣传委员。同年，他考入了当时最好的省立高中并担任团支部书记。1950年8月，正读高中一年级的钟群鹏，受浙江省团委的指派，被团中央以优秀团干部的名义保送到中央团校第四期短训班学习，并于1951年10月加入了团中央土改实习队。在农村从事土改期间，由于劳累过度，加上身体欠佳，钟群鹏曾几次晕倒，尽管领导和同事们多次要他回工作队驻地休息，但钟群鹏却不肯回去，他靠着顽强的毅力，坚持完成工作。土改工作结束后，钟群鹏被评为土改工作的模范。

中央团校毕业后，组织上准备将钟群鹏分配到团中央办公厅工作，但钟群鹏心中却有一个愿望，就是报考大学，用科学知识报效祖国。就这样，钟群鹏在志愿表上填报了航空工程系。经过四个月的补课和自学后，钟群鹏学完了高中所有课程，最后以优异的成绩考入了清华大学航空系。

1952年10月，刚入大学不久的钟群鹏正好迎来了全国大学院系调整。为了新中国国防科技力量的增强，为了中华民族航空航天事业的发展，国家在清华大学和四川大学、华北大学工学院（现北京理工大学）等学校航空系的基础上，汇集了沈元、屠守锷、王俊奎、林士谔、陆士嘉、伍荣林等一批高水平学者，成立了新中国第一所航空航天科技大学——北京航空学院。钟群鹏有幸成了这新成立的北京航空学院的第一批学生。

钟群鹏在"北航"学习期间念了三个专业，本科是飞机制造，后来读研时学习了金相热处理，再后来他又搞了失效分析。他在读研期间的老师是苏联援华的专家，可当时中苏关系已经恶化，苏联专家随时会撤回，他必须在苏联专家回国前完成毕业论文。为此，钟群鹏便通宵达旦地投入学习中，仅用了三个月的时间，便完成了从课程设计到毕业设计的学业，最后参加研究生答辩时，他的六门课程加上毕业设计，全部优秀。

分析失效　破译答案

所谓失效，就是一个产品、一个零件、一部机器、一个装备、一个系统，它的原本功能丧失的现象。而所谓失效分析，就是对上述功能丧失的现象进行分析并提出预测预防的措施。

钟群鹏大学毕业后，一开始所从事的并非这个专业，用他自己的话来说，他之所以走上失效分析和预测预防的道路，是缘于一次偶发事故。正是这次偶发事故，彻底改变了钟群鹏科学研究的方向，使他成了中国失效分析预测预防分支学科的开拓者和领头人。

1957年，钟群鹏受命安装一台捷克进口的表面高频淬火机床。在安装调试验收机床时，钟群鹏看到机床的齿轮转动有点不平稳，便下意识地用手去摸了下。说时迟那时快，还没等他反应过来，右手的食指已被齿轮绞了进去，他忍着剧痛，竭尽全力向外拔，可这个被齿轮咬住的手指还是明显短了一大截。

同事们看到后，立即将钟群鹏送到学校的医务室。医务室里负责看病的是位老医生，他只看了一眼钟群鹏受伤的手指，尚未询问，就已诊断出钟群鹏的食指是怎样折断的，断口是怎样形成的。钟群鹏听得入神，全然忘记了自己是位前来就诊的患者。他觉得老医生的判断竟然与事故发生时的情形完全吻合，仿佛当时老医生就在现场似的。

说者无意，听者有心。老医生的断口分析，引发了钟群鹏的深度思考。他由此想到既然医生可以分析出手指断裂的原因，那么以此类推，他这个搞材料研究的也可以分析出材料断裂的原因。就这样，因为一次偶然的事故，钟群鹏便萌生了研究机械断口的想法。

1958年，被认为在设计、制造、材料上都万无一失的美国北极星导弹，竟然在试验中发生了爆炸，这次爆炸震惊了世界科学界。经过不断的研究，确定这是属于有裂纹体的断裂行为。在这次重大爆炸事件的影响下，"断裂分析""失效分析"及预防预测成了一门新兴的学科，1962年断裂力学问世。

这次爆炸不仅炸出了断裂力学，也点燃了钟群鹏心中坚持失效分析的梦想。中国有句古话，"失败是成功之母"，失败并不可怕，失败之后还可以迎来成功，但中间需要做失效分析，不分析的话就没法转变为成功，所以失效分析是由失败转化为成功的关键因素。

打定主意后，钟群鹏就一头扎进失效分析的科学研究中。原来，金属材料有裂纹的断裂与没有裂纹的断裂，断口会完全不一样。而且，断口总是发生在金属宏微观组织结构中最薄弱的地方，记录着有关断裂全过程的许多珍贵"密码"信息。破译这些藏在断口里鲜为人知的"密码"，成了钟群鹏的不懈动力，他投身其中乐此不疲。

当时，断口研究完全是个新事物。做断口研究需要有工具才行，当钟群鹏听说南京光学仪器厂有个进口的放大两万倍的透射电子显微镜快要报废时，他十分痛心，两万倍，可是当时国内最先进的

钟群鹏院士在实验室

仪器了，为了抢救这台仪器，他和田永江教授两人没日没夜地修理了两个月，最后把这台快报废的透射电镜的电子系统、真空系统、机械系统、造像系统及分析系统完全修复好。然而，透射电镜修复了，钟群鹏却在日以继夜的高强度工作下得了急性肝炎和青光眼，乃至后来他看文件时得用八个放大镜才能看得清。

1972年，当第一届工农兵学员进校时，钟群鹏做的第一件事就是带领他们进行断口分析研究实验。他教导学生通过断口的形态、结构和成分分析去研究一些断裂的基本问题，如断裂性质、断裂方式、断裂起因、断裂机制、断裂过程的应力状态、断裂的影响因素以及裂纹扩展速率等。

要给学生一滴水，教师要有源头活水。为了识别、了解不同的断口特征和分析方法，钟群鹏除了自学外，还经常到别的单位请教和搜集资料。

功夫不负有心人。在一次次的断口检验工艺分析中，钟群鹏终于摸索出了一套失效研究的方法和规律，工作方向从工艺断口检查走向搞断裂分析，

再到断裂机理研究，从断裂机理研究分析到工程构件使用中的断裂分析，进入了失效分析及预防的前期工作——失效事故原因分析，并从大事故分析再发展到断裂的预测预防研究等。

20世纪70年代开始，钟群鹏先后组织举办了"断裂机理研讨班""金相技术和故障分析进修班"等提高班和研究生班，着手从材料断口分析，逐步进入断裂分析、断口机理研究、断裂的预测预防工程，开设和主讲失效分析和预防方面的新课，培养专业骨干力量。他以渊博的知识和严谨的科学态度，为国家培养失效分析及预防领域的新人。

替民解忧　为国担当

不管是在重大的航空航天领域，还是在日常生活中，都会存在并发生不少事故，给国家造成巨大损失。钟群鹏身为失效分析及预防方面的领头羊，他总是冲在最前线。

1982年以前，中国液化石油气钢瓶爆炸事故频发，严重威胁着人民的生命和财产安全。基于这一现状，北京市有关部门委托钟群鹏对全市的液化石油气钢瓶的质量进行测定及制定判废标准。钟群鹏抱着"这是社会需要，也是人民需要"的坚定信念，临危受命，接下了这个在当时看来颇有风险的课题。给液化石油气钢瓶做失效分析及预防，需要进行大量的爆破试验，他先后组织了100多个技术人员，耗时一年多，进行了30多个项目和数千个试样的测试，做了1000多次模拟爆炸试验，从焊缝质量、腐蚀现象、缺陷影响、应力分析、爆炸模式等多个角度对钢瓶进行实验研究和综合分析，取得了大量的可靠数据，同时参考世界上8个国家的相似标准，最后制定了一个既符合我国国情，又简洁实用的液化石油气钢瓶定期检验和质量判废的标准，这个标准，为北京市以及全国节省了大量资金。同时，也为全国各地制定液化石油气钢瓶的安全标准提供了参考。

1986年，美国挑战者号航天飞机发射后70多秒发生爆炸，造成几十亿美元的直接损失和7位宇航员、科学家当场殒命，而这一切竟是因为一个小型橡胶密封圈失效而造成的。结论一出，世界科学界大为震惊。

每当这些巨大灾难发生时，钟群鹏的心情显得格外沉重，他坚信失效分析是变失效为安全的基本环节和关键。同时，国家对断口和失效分析重要性的认识，也在不断出现的灾难造成的惨痛教训中一步步深化。

1988年2月12日，秦岭发电厂20万千瓦5号汽轮发电机组发生了轴系断裂的特大事故，直接经济损失达2500余万元，间接经济损失超过10亿元。这一类型的电机全国共有54台，如果不查清事故原因，不排除事故隐患，后果不堪设想。钟群鹏被国家安全生产委员会指定担任事故调查分析专家组组长后，第一时间对事故现场进行了细致调查，他明白自己要与事故比拼速度，从事故手中抢夺生命和财产，早一秒发现问题，就能早一秒避免另一起重大事故的重演。因此，他恨不得把一分钟掰成两分钟用。该机组在过去运行中曾发出低频振荡信号，事故发生时机组超速到3500转/分以上。事故检修时，发现滑动轴承间隙超标，润滑油温度超标，轴承上盖向着与转动相反的方向翻转破坏。据此，专家们进行了51项专题分析，做了上百次实验，最终查明了这是一起由油膜振荡引发的事故。专家们在诊断出原因后，系统地提出了油膜振荡发生的条件、过程、机制、控制条件和关键参数的临界范围，提出了具体的14条预防措施和建议，为当时仍在运行的大量同类机组消除了隐患，为日后20万千瓦发电机组的安全生产作出了巨大贡献。

1992年，某型号系列发动机"一级涡轮空心叶片断裂故障"严重影响我军飞行员的安全和战训任务的完成，钟群鹏受命后对客观事实进行了缜密分析。在他的组织领导下，综合专家组对设计强度、应力集中、模态分析、孔边强化可能性等进行了多项专题研究，最终提出了分阶段的预防改进措施和工作步骤，为数十万片叶片的报废停用解除了禁令。改进后的空心叶片寿命也由400小时延长到了600小时，预计寿命可达900飞行小时，这不仅保证了飞行安全，而且可产生巨大的经济效益。

1998年8月至2002年2月，某型发动机Ⅱ级涡轮叶片在使用过程中发现有发动机的叶片发生了断裂，这个重大事故曾一度导致全军配装该系列发动机的飞机全部停飞。钟群鹏又一次临危受命，通过对材料性能试验、断口汇总观察、修理发动机叶片缺陷的统计分析等研究，找到了症结所在，从而对我国叶片制造、修理的质量监控带来积极意义。

钟群鹏一次又一次用专业的知识为祖国的安全事业保驾护航，除了自己刻苦钻研科学，他还深知"团结就是力量"的重要。此时，他已声名显赫，但他明白科研之路漫漫，应上下求索，对于失效探索的脚步从未停过。为了使失效分析及预防的研究发展更加成熟，获得广大科技工作者的共识，钟群鹏集思广益，在全国范围内发起了一个有117名国内知名教授、专家参加的联名签字活动，呼吁国家加强失效分析的研究和组织工作，并于1986年成立了我国第一个失效分析的学术组织——"失效分析工作委员会"，钟群鹏被推荐担任该委员会主任。

20世纪90年代，在老一辈科学家师昌绪、颜鸣皋等院士的倡议和推动下，钟群鹏又发起组织成立了有24个全国性学会联合参加的"中国科协工程学会联合会失效分析和预防中心"，作为行业领路人和佼佼者的钟群鹏被推选为中心主任。1995年又在完成国家经贸委、国家教委批准的CIDA基金项目的基础上，成立了"中国—加拿大失效分析和预防培训中心"，开辟了

2004年，钟群鹏院士调查"11·21"包头飞机失事现场

失效分析高级人才的国际培训与交流渠道。

而所有的成绩，离不开钟群鹏孜孜不倦的努力。正因为他，失效分析与预测预防成了一门运用领域广泛，对人的生命安全、经济发展建设都有着非凡意义的学科；也由于他精益求精的态度和一如既往的坚持，构建了中国的失效分析与重大事故预测预防的完整学术体系。

胸怀坦荡　刚正无私

失效分析及预防，是维护科学的公正与纯洁的工作。从事失效分析及预防研究，必须拥有刚正无私的品格和严谨求实的科学态度。这是钟群鹏对自己的要求，也是对这份事业坚定的信念。他总是以一丝不苟的科学态度对待工作，对于自己受领的每项任务，心中都有一杆公平秤，那就是"严谨求实"。而要做到"严谨求实"并非易事，不仅要有严实的科学基础，还要有人文基础、实践基础。几十年里，钟群鹏参与的每一例失效事故分析中，他不但要分析事故的成因，还要提出严谨的、科学的预防措施，有时甚至还要走上法庭，去维护当事人的权益，维护科学的公正。

1997年6月27日晚上9时26分，位于北京通县的北京东方化工厂发生了特大火灾爆炸事故，熊熊大火燃烧了整整3天3夜。这次事故造成9人死亡，39人受伤，10座油罐被烧毁，直接经济损失达1亿多元。

事故发生后，作为国家安全生产专家组综合组长的钟群鹏参与了对这次事故的调查分析。面对眼前一片残骸的事故现场，钟群鹏和其他8位专家的心情非常沉重，深感肩上的责任重大。

6月的北京，酷暑难耐，钟群鹏和8位专家穿着厚厚的橡皮衣，争分夺秒地在事故现场内展开调查。他们要对爆炸后的残骸进行勘察，对爆炸物及爆炸的乙烯B#罐的残片、断口进行测定、拍照、取样，搜集生产运行中的各种参数和操作记录。

3个月来，以钟群鹏为组长的专家组做了大量的实验，写了30多万字的总结，最后得出结论，这是一起由工作人员操作失误造成的石脑油和轻柴油外溢挥发引起的空气爆炸，也就是说这是个责任事故。然而，有关部门一开始对这个结论有异议，他们认为这是个设备事故，是由乙烯管爆炸引起的事故。双方意见相左，于是，3个月后又成立了第二个专家组，还是得出了设备事故的结论。

面对第二个专家组的意见，钟群鹏坚持自己的判断，本着认真负责的态度，再查遗体，开展肺检，发现吸进去的是石脑油，也就是说，是石脑油先泄漏，然后引起了事故。然而，有关部门还是不服这个结论，坚称钟群鹏的分析不正确。

当时这件事闹得沸沸扬扬，有好心的院士提醒钟群鹏，你这么执着于这件事对你申报院士不利，因为这一年正是钟群鹏申报院士的关键时刻。可无数的调查事实和证据材料，使钟群鹏对自己所得出的结论坚信不疑，他对那位院士说："我是搞失效分析的，只能被数据和事实所说服，不能屈服于压力，如果不去还原事故的真实面貌，我这个专家组组长就白当了，不管能不能当上院士，我也要对这起事故有个负责任的交代，不能让类似事故再次上演。"钟群鹏的一番话，让身旁的院士为他竖起了大拇指。

真金不怕火炼。1998年2月10日，第三个专家组再次成立，经过认真的调查鉴定，证实钟群鹏这一专家组的结论是正确的，是石脑油和轻柴油罐满溢出造成的火灾爆炸事故，也就是说，这是个责任事故。然而，有关部门依然不认可钟群鹏的结论。2000年3月21日，钟群鹏与有关专家写信给朱镕基总理反映此事，希望能尽快结案。朱镕基总理的批示使得事故结案出现了转机。2000年11月27日，有关部门同意按照钟群鹏专家组的意见结案，至此，持续了整整三年半的北京东方化工厂的事故调查终于有了一个对人民负责的答案。

从事材料断口分析以来，钟群鹏先后以专家组成员、组长身份主持或参与了机电、航空、航天及众多国民生产领域的500多起重大灾难事故的分析调查，对机械装备失效分析和预防方面进行了系统的、开拓性的研究，构建了我国机械装备失效分析预测预防的完整学科体系，创造了可观的经济效益和社会效益。

钟群鹏的一生都凝聚着对科学的执着、对真理的坚持、对祖国的奉献，"不忘初心，方得始终"，正因为钟群鹏秉着如此信念，数十年来，面对每一次"断口和失效"，他用严谨的科学态度和实事求是的精神，最终得出科学、客观、公正的技术结论。1985年获航空航天部有突出贡献专家称号，1989年获北京市优秀教师称号，1992年获国务院高等教育特殊津贴专家称号，2001年获中国机械工程学会科技成就奖，2004年获十大科技英才称号，2007年获全国教育系统先进工作者称号，2011年获北京市优秀共产党员称号，2018年获中国机械工程学会特别贡献奖，2021年获中国特种设备安全与节能终身成就奖，入选《中国大百科全书》（第三版）"安全科学与工程学科卷"代表性人物。这也是对他科学成就和人格精神的最好诠释。

曲中闻柳　心系故乡

"杨柳青青著地垂，杨花漫漫搅天飞。柳条折尽花飞尽，借问行人归不归？"虽已离开故乡多年，可钟群鹏院士的心坎上依然记得当年飘荡在风中的依依杨柳，更记得那轮清冷而皎洁的明月。是的，故乡上虞是他心里永远的眷恋。

抗战不久，5岁的钟群鹏便跟随家人离开了家乡，谁知这一走便是70多年。而无论一个人走得多远，心总会回归故里。

2017年8月29日，已是83岁高龄的钟老在海宁参加浙江省特检院科技创新发展三年行动计划论证会后并未动身回京，而是马不停蹄地赶往一个他牵挂了大半辈子的地方——上虞。当他神采奕奕地踏上故乡的土地，行走在既熟悉又陌生的街巷时，他的眼眶湿润了，对陪同的人员说："家乡的面貌变化太大了，小到家庭生活条件的改善，大到上虞整个城市的建设，真是今非昔比啊。"由于工作的原因，钟群鹏此次回乡的行程比较匆忙，但是他知道，他必将再次踏上故土。

一年后，2018年6月的一天，84岁高龄的钟群鹏在有关部门的邀请下，专程从北京回到了老家上虞。

"我童年时离开老家上虞，后来到了温州乐清，后来又到了金华，在颠沛流离中度过了童年和少年。但家乡的一草一木，还有老家门口的那棵栗子树，我记得特别清晰，我曾多次梦见自己坐在栗子树下剥栗子吃，醒来虽然什么也没有，但却感觉十分温馨。"钟群鹏一回到家乡就滔滔不绝地讲起自己的思乡之情，"现在家乡的变化太大了，真的是翻天覆地啊！"

从此以后，为了让自己的家人也一起来感受故乡的发展和变化，钟群鹏只要一有机会，就会带着他们回故乡省亲、踏访，以加深对故乡的感情和印象。在他的熏陶下，他的孙子钟舸通曾两次回上虞，他说道："我小时候常听爷爷讲家乡上虞的事情，第一次来时发现上虞的建设这么好，第二次来又有了新容貌。爷爷离乡虽然几十年了，但他说话时还不时会夹杂着浓浓的上虞口音。每次回上虞听到上虞话，我感到特别的亲切。"

而钟群鹏回上虞，除了寻根和省亲，其实在他的心里还有一个强烈的愿望，那就是为家乡的建设尽自己的一份力。可喜的是，他的这个愿望在家乡有关部门的牵头下，终于实现了。

钟群鹏院士（后排右五）与家人在春晖中学留影

2019年7月3日，钟群鹏与家乡上虞企业浙江康隆达特种防护科技股份有限公司在北京航空航天大学签订了设立院士专家工作站的协议。座谈会上，钟群鹏在听取了上虞区领导介绍家乡发展和企业的情况后，表示要"不忘初心、牢记使命"，为建设家乡贡献出自己的一份力量。他说，作为上虞人民的儿子，自己不管走得多远，家乡永远是最眷恋的归宿，能用毕生所学为家乡作贡献，是自己一直以来的梦想。他还希望院士专家工作站建立以后要加强研发，加强基础研究，加强失效分析研究，在材料、产品、装备、失效分析上增强高质量意识，希望家乡能有更加美好的明天。

参考文献：

1. 徐光华主编:《走近虞籍科学家》,科学普及出版社,2010年10月版。
2. 北京航空航天大学官网。

呕心沥血　献身石化

——记中国工程院院士王基铭

王基铭，1942年6月出生于上海市，祖籍浙江省上虞县百官镇（今绍兴市上虞区百官街道）。中国共产党党员。炼油、石油化工及工程管理专家，中国石化工业大型装备国产化杰出推动者、重大贡献者。1964年9月毕业于华东化工学院（今华东理工大学）石油炼制专业。曾任中国石油化工总公司上海石油化工总厂副厂长、厂长，上海石化股份公司董事长、总经理，中国石化总公司副总经理，中国石化集团公司副总经理兼上海赛科石化有限公司董事长，中国石化股份公司副董事长、总裁、科技委主任和顾问等职。2006年4月，受聘为华东理工大学教授、博士生导师。现任中国石油化工集团公司科技委资深委员、中国企业联合会特邀副会长、中国可持续发展工商理事会会长、中国石油和化学工业联合会名誉会长。2003年、2008年分别当选为第十届、第十一届全国政协委员。曾独立发表或合作发表论文100余篇，编著《世界著名石油石化公司手册》《世界石油与石油化工数据手册》《中国炼油技术新进展》等专著7部。2016年，获评中国能源装备终身成就人物奖。2019年9月获中国"能源功勋泰斗人物"奖。

2005年当选为中国工程院（工程管理学部）院士。

2020年5月26日上午10时左右，当我们如约来到华敏翰尊国际大厦时，王基铭院士已在门口等候我们，他热情地与我们一一握手，表示欢迎。

今年78岁的王基铭院士个子不高，看上去红光满面，精神矍铄。一口上海普通话中，不时夹着浓浓的上虞乡音。坐下后，王基铭院士就从一只大信封中取出一大叠证书，摊开在我们面前。里面有他的论文证书、获奖证书、任职证书、院士证书——从这些形状不一、内容不同、制作精美的证书中，我们看到了为中国石化事业奋斗了50余年的王基铭院士的非凡历程和成就，感受到了一个老石化人为振兴中国石化事业的拳拳之心和殷殷之情。

立志化工

王基铭院士出生在上海。"但我父亲是上虞百官人，母亲是上虞崧厦蒲家村人，也就是说，我是地地道道的上虞人。"王基铭告诉我们。

王基铭5岁入学，14岁初中毕业。1959年，王基铭以优异成绩于上海市重点中学市东中学高中毕业，在填报高考志愿时，他填的第一志愿是化工，与他同时填化工志愿的同班同学还有11人，最后，这11名同学全部被华东化工学院（今华东理工大学）录取。

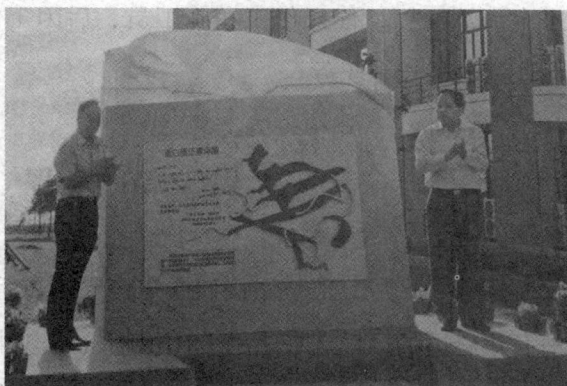

王基铭（右）在华东理工大学为蛋白质泛素浮雕揭幕

一个班级中有12名学生同时被一所专业学院录取实属不易，而更令人赞叹的是，在这12名学生中，后来竟培养出两名院士，一名是王基铭，另一名是舒兴田。

王基铭入学华东化工学院后被分配到炼油专业，对一个土生土长的南方青年来说，"石油"这两个字既很陌生，又很遥远，可以这么说，他当时连石油是什么样子都没见到过。直至那天坐在教室里，听老师讲述我国石油工业的现状时，王基铭才真正地感到石油对一个国家、一个民族、一个企业乃至对我们每个人的重要性。也就是从那时候开始，他才知道我国的石油工业是多么的落后，而国家又是多么希望能尽早培养出自己的石化人才。

5年的大学生活是紧张的，又是艰苦的。怀着报效祖国的决心和愿望，王基铭像海绵吸水一样如饥似渴地学习着。他告诉我们，大学5年中，他所有的业余时间几乎都是在学校图书馆里度过的，一本一本地啃着石油炼制和相关化工类书籍，又一本一本地做着笔记和摘抄。尽管如此，他还是感到自己在专业知识上的浅薄与不足。

1964年，王基铭大学毕业。不久，他便被分配到地处上海高桥的上海炼油厂工作。谁知进厂没多久，"四清"运动开始了，王基铭便随社会主义教育工作团（简称"四清"工作队）来到上海郊区的农村。这一年，他22岁。在"四清"工作队待了两年半，"文化大革命"开始了，王基铭又回到了上海炼油厂，任操作工和施工员，后因工作出色，先后担任了车间副主任、基建科长等职务。

新的征程

1972年8月，王基铭接到通知，要他去新筹建的上海石化总厂报到。上海石化总厂的厂址选在上海金山卫临杭州湾畔的一片海滩上，这里不仅荒无人烟，而且都是泥泞的滩涂。站在海边的一处高坡上，王基铭极目远眺，心潮澎湃。不久的将来，这里将会崛起一座拥有炼油、化工、塑料、化纤等主要生产装置，又拥有独立的水、电、汽、气公用工程供应系统，独立环保处理系统以及海运、内河航行码头和铁路、公路运输等设施的现代化大型企业。王基铭认为，作为一个石化人，能够亲身参与当时这个中国规模最大的现代化石化企业的建设，是一种机缘，一种荣幸，哪怕再苦再累，也心甘情愿，无怨无悔。

王基铭调到上海石化总厂后，马上就投入到紧张的工厂筹建中。这是毛主席为解决全国人民的穿衣问题亲自批准的项目，因此，当时工地上最流行的一句口号是："为毛主席争气，为祖国争光。"这既是一句响亮的口号，又是一个强大的动员令，所有的工作都是按大会战的要求来实施。作为统率着"千军万马"施工人员的工厂基建负责人，王基铭深感责任重大，不敢有丝毫的懈怠。从1972年开始围海

1973年8月，化工一厂还是一片荒芜的滩地

1976年9月，化工一厂已经建成厂房，烟囱林立

造地，到1974年在新围的土地上打下第一根桩基，王基铭在工地上摸爬滚打，几乎没有好好休息过一天，工地成了他的家，连新婚蜜月他也顾不上，最后干脆把新房设在工地上自己的宿舍里，留下妻子一人在家，自己又一头扎进热火朝天的工地中。

随着时间的推移，经过数万建设大军的日夜奋战，在昔日芦苇丛生、滩涂泥泞的金山卫海边，一座座宏伟的生产装置如雨后春笋般拔地而起。一条条管道延绵千里，纵横交错；一台台设备和塔罐安装就绪，待命运转；一条条宽阔的道路向前延伸，通向远方……

1976年9月28日，对上海石化总厂和王基铭来说，是个带有里程碑意

义的日子，因为这是上海石化总厂乙烯生产装置点火试车的日子。对于这次试车的成功，王基铭后来曾做过这样的回忆："上海石化总厂的早日投产，是毛主席、周总理以及国务院集体领导者关心关怀、高度重视的结果，是上海乃至全国人民大力支持和积极参与的结果。作为新中国成立以来我国纺织系统及上海市最大的基本建设项目，其建设现场最多时集中了五万职工进行设计、施工、建设大会战。全国有二十几个省市自治区从不同方面支援了工程建设，充分体现了社会主义大协作的优越性，体现了社会主义制度的优越性，没有这种制度上的优越性，上海石化总厂的投产将会晚很多。它的投产更是怀着为毛主席争气、为国争光的上海石化总厂全体干部职工无私奉献的结果。"

重任在肩

1984年11月，王基铭被任命担任上海石化总厂副厂长兼化工一厂厂长。化工一厂是上海石化总厂的龙头企业、主力单位。上级把这副重要的担子交给王基铭，是希望他把乙烯生产搞好，促进中国的乙烯工业搞上去。乙烯是由两个碳原子和四个氢原子组成的化合物。乙烯工业是石油化工产业的核心，乙烯的衍生产品占石化产品的75%以上，在国民经济中占有十分重要的地位。世界上将乙烯产量作为衡量一个国家石油化工发展水平的重要标志。

我国乙烯工业曾是一片空白。新中国成立后近20年里，乙烯产量几乎为零，90%以上的石油化工产品依靠进口。20世纪60年代是我国乙烯工业的起步阶段，通过引进国外技术，到20世纪七八十年代时，乙烯工业已初具规模。1983年，在中国石化总公司成立之际，时任国务院副总理的万里提出，要把乙烯产能搞上去，争取2000年赶上苏联（当年苏联乙烯产量为226.7万吨，而中国才56万吨）。

1986年6月，就在王基铭担任上海石化总厂副厂长兼化工一厂厂长不久后，我国引进的第5套30万吨乙烯装置获批落户上海石化。然而，该项目虽然是国家"七五"计划重点项目，却由于这时国家5000亿元的固定资产投资计划早已全部安排到位，这套乙烯装置没有得到国家一分钱的投资。国务院只给了"利用外资"这一政策，30多亿元建设资金完全靠企业自行向国内外举债筹措，这种情况在我国基本建设的历史上从无先例。怎么办？是顶着压力上，还是打退堂鼓？上海石化决定以破釜沉舟、敢为天下先的勇气，为振兴民族工业，义无反顾闯出一条新路子。

"风险当然有。"王基铭说，"要是干事业没有风险，那要我们这些人干嘛？"他算了一笔账，如果三期工程全部建成投产，上海石化总厂每年将生产乙烯45万吨、合成纤维和切片40多万吨、塑料22万吨以及油品和基本化工原料100多万吨，总产值将达55亿元，年利税可达20多亿元。

轰轰烈烈的工程会战开始了。然而，资金匮乏的问题逐渐显现出来。"整个建设期间始终险象环生。每天承担的债务利息就达40多万元，压得人喘不过气来。"据当时参与采访的新华社记者吴复民回忆，最紧急时，上海石化几十亿元的建设项目出现过账面资金只有7000元、库存水泥只有5吨及聚丙烯、乙二醇工地停工待料的险情。

"我这个人有个特点，就是喜欢做有挑战性的事。"有一次，王基铭对前来采访他的家乡记者说，"上海石化上30万吨乙烯项目时，工程投资靠自筹，工程上到一半，钱没了，那怎么办？不能搞'半拉子'工程。没钱也得想办法干下去。我当时已是厂长，我在职工代表大会上跟全厂干部职工说，我们现在的30万吨乙烯项目就像是一只快要生蛋的老母鸡，只要再喂它一把米，这老母鸡就能生'蛋'了。有了这个'蛋'就能孵小鸡，小鸡马上就能变大鸡。这样我们上海石化总厂就有希望了。现在我们遇到了暂时的困难，难道我们就这样眼睁睁地看着这只快要生蛋的老母鸡倒下去？我当时在会上喊，我王基铭哪怕卖掉家里四大件，也要把乙烯工程搞上去，没料这一声喊，台下的400多名与会者竟报以热烈的掌声！"说到这里，王基铭笑了，他又接着说，"当时的场面很感人，我这么一喊，全厂的干部职工可以说是群情激昂，大家纷纷拿出钱来借给厂里，退休干部把家中多年的积蓄寄来了，公安干警、科技人员，甚至连待业青年也纷纷解囊相助。许多职工子

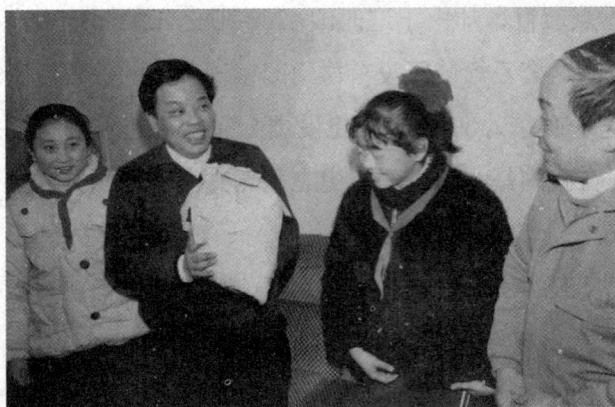

1989年2月，上海石化四小的学生向王基铭（左二）送来了他们省下的压岁钱

弟把舍不得花的压岁钱也拿出来，送到我的办公室。其中石化四小两个小学生送来的钱是503.85元，我至今还记得很清楚。有人甚至还拿出了准备办结婚酒的钱和献血后的营养费送到厂部办公室。"短短一个月时间，全厂就筹集到资金1200万元。虽然这1200万元只占厂里所需资金的1.5%，但是它所表达的对石化事业的支持，是对企业的热爱，这种发自职工内心的力量，却是无法估价的。在全厂职工踊跃认购爱厂储蓄的同时，总厂上下也"勒紧裤腰带"过紧日子和苦日子。为此，厂里决定，暂停原本已定下的工房建设，压缩过年过节的副食品供应等，以保证每一分钱都用在刀刃上。

为了加快工程进度，王基铭带领参建职工，马不停蹄地连续奋战。共产党员、共青团员、机关干部、学校师生纷纷戴上安全帽，在业余时间参加义务劳动。在他的感召和带领下，工程中涌现出了一个个具有英雄主义色彩的感人壮举。时任中国石化总公司总经理陈锦华称赞说："王基铭也是个开钢铁公司的，不管多大的压力，想压倒他，不好办！"

1988年7月，46岁的王基铭出任上海石化总厂厂长。

1989年12月1日，王基铭（二排左三）参加上海三十万吨乙烯高压聚乙烯装置银团贷款签字仪式

一年后的1989年12月11日，曾被王基铭形容为即将生蛋的那只"老母鸡"——年产30万吨乙烯装置点火开车成功。仅用16小时15分钟，就产出了合格产品，创造了国内外同类型装置最好的开车纪录。

上海石化总厂含辛茹苦地建成的以30万吨乙烯工程为主体的第三期工程，使石化总厂的固定资产从48亿元上升到100多亿元，翻了一番多，使我国标志石油化工发展水平的乙烯产量上升到世界第八位，跻身世界石油化工大国行列；总厂每年实现的利税也从13亿元上升到20多亿元。然而，当不少人还沉浸在喜庆和欢乐中时，他们并没有看到，或者根本没有想到，这家上缴利税排名上海市第一位的大型国企的真正盈利能力却不尽如人意，它成功的背后依然面临着严峻的现实。

这个"严峻的现实"就是缺钱。这一点，作为上海石化总厂厂长的王基铭心里最清楚，因为这时，表面风光的上海石化总厂，已是债台高筑。有数据表明，到1992年年底，上海石化总厂已欠外债4.7亿美元，企业债券13.5亿元，其他内资债务30多亿元，合计负债70多亿元，企业资产负债率高达75.4%。为偿还到期债务，企业只得发行新债还旧债，先后共发行了8期企业债券，而债券的平均年利率为12.35%，远超过了企业的投资收益率。加之沉重的社区管理负担，企业留利仅为企业创造利润的4.33%，根本无法实现自我积累，失去了再发展后劲。

"世人把上海石化总厂称为'金山'，比喻她对国家所作的突出贡献。然而，局外人谁能想象，'金山'因主动承担这项建设项目陷入怎样的困境！"新华社记者吴复民有一次在采访王基铭后感叹说。

或许正是因为这样的困境，促使王基铭萌发了探索企业长远发展、深化企业改革的新路子，这就是，对企业进行股份制改制，直接融资实行企业经营机制的根本转换，从根子上理顺产权关系，使企业真正具备自我累积、自我发展的活力。

20世纪90年代初，股份制在国人的心目中还是一个十分陌生的概念，许多人把这个名词与资本主义联系在一起，甚至到了谈"股"色变的地步。因此，当王基铭大胆提出要对上海石化总厂进行股份制改革时，怀疑的、反对的、担忧的声音顿时蜂拥而至。

"有人说国企搞股份制，我是第一个吃'螃蟹'的人，我就喜欢吃这样的'螃蟹'。"这事虽然已经过去了多年，但王基铭院士在谈起这件事情时，仍掩饰不住激动的心情。他告诉我们说，当时新华社记者吴复民在新华社《国内动态清样》1402期上发表了一篇《上海石化总厂为国有资产增值50多亿却咽下苦果，唯有进行股份制改革才能尽快摆脱困境》的文章，得到了时任国家主要领导人的批示。正是在各级领导、中央有关部门及中国石化的鼎力支持下，上海石化总厂的股份制改革才亮起绿灯，然后，一路向前推进。

1992年6月6日，上海石化总厂正式向中国石化总公司提出股份制改制申请。6天后，中国石化总公司审查了上海石化总厂的可行性报告，向国家体改委申请将上海石化总厂列为国家股份制试点的企业。8月12日，国家体改委等6部委形成了《关于将上海石化总厂改组为股份制企业试点的批复》。当年9月，国务院批准上海石化总厂等9家企业为首批规范化股份制改制试点企业。

就在上海石化总厂股份制试点确定前不久，即上海石化总厂三期工程全面建成投产时，有人曾向王基铭提议，应该在上海石化总厂的门口立一块碑，在碑上刻上建设者们的姓名，以激励后人。还有人建议应该写一部书，

王基铭（右二）陪领导在工厂考察

或拍一部电影，以传承上海石化总厂建设者们的创业史、拼搏史、奋斗史。王基铭没有答应，因为在他看来，他们以前取得的所有成绩，都还只是一个开端，他们面前的未来之路，还很长很长。

走出国门

诚如王基铭所说，上海石化总厂通过股份制改造，在国内上市，只是迈出了企业改革的重要一步，而他心里还有一个更大的目标，那就是，上海石化总厂还必须走出去，与国际上市公司在国际市场竞争中一决高低，成为乘风破浪的远洋巨轮。

然而，到国外上市谈何容易。一件件麻烦事接踵而至，在李东周、尚长文所著《人生精彩献给中国石化工业》一文中，曾对此有过这样的描述："会计师、承销商和评估师的选择以及选择过程中的公开透明和廉政，会计师们对账过程中近乎严苛的'翻家底'给职工们带来的感情冲击，上市以后企业角色的换位和经营心态的转变造成的影响……境外股票主承销商美林证券公司和法律顾问在掌握了大量的资料并一次次考察企业生产装置后，甚至直接给王基铭提出了138个问题，要求每个问题都有明确的答复、批文、合同或有效证明。这些问题里不乏尖锐甚至刁难，比如以'劳动生产率不高、人太多'为由要求上海石化总厂裁员。王基铭和上海石化总厂以无比的信念、智慧和极大的耐心一一予以克服。"

山重水复疑无路，柳暗花明又一村。1993年6月23日，上海市工商行政管理局受理上海石化总厂变更登记，将其分立为上海石油化工股份有限公司和中国石化上海金山实业公司。6月29日，上海石油化工股份有限公司、中国石化上海金山实业公司召开创立大会。时任对外经济贸易部部长吴仪、上海市副市长徐匡迪、中国石化总公司总经理盛华仁等出席。上海石化总厂成为第一家同时在上海、香港、纽约上市的中国企业，也是中国第一家走出国门、走向世界的企业。

受益于股份制改制，上海石化从国内外资本市场筹集到了发展所需的巨额资金。1993—1997年，共筹集资金折合人民币56.17亿元，资产负债率从改制前的75.4%降至37.2%。企业负担大大减轻，实施重大技术改造和资本扩张也有了充足的资金准备。

从国际市场一手便募得这么多资金，这同样是新中国建设史上的第一次。

面向世界

1994年，王基铭出任中国石化副总经理。上任不久，他就果断决策，要大力推进中国石化重大装备的国产化。为此，他以大庆石化乙烯裂解装置扩建改造为起点，从乙烯裂解压缩机国产化入手，取得全方位突破。

"大庆乙烯装置改造上国产化'三机'，他是提着乌纱帽拍了桌子决策的。2004年到了茂名搞60万吨级乙烯裂解气压缩机组国产化，同样阻力很大。王总很严厉地批示：国产化，只要讲认真，我们就能做好。"中国石化安全监管局副局长王玉台回忆说："我在王基铭老总手下干了5年，从他那里，不单是我，我们整个团队都汲取了一种实实在在的为国分忧、争气的精神。"经过努力，今天的中国已成为世界上第五个可以制造百万吨级乙烯"三机"的国家，石化乙烯及下游装置的装备国产化率已逾80%。

为推进炼油装备国产化，王基铭鼓励并支持中国第一重型机械厂（中国一重）在加氢反应器的冶炼、锻造、焊接、检验等制造技术上不断取得突破。在主持茂名石化200万吨/年重油加氢裂化、齐鲁石化140万吨/年项目建设时，他提出并果断决策大型锻焊结构反应器国产化，并由中国一重研制成功，使我国在短期内跻身国际先进行列。

此外，他还支持中国二重对加氢反应器制造技术的攻关，支持并大幅提升了无锡压缩机股份公司的加工设计能力，帮助杭州杭氧股份公司从名不见经传的企业一跃成为国内化工设备制造界的明星，中国石化集团公司所属的炼油化工设备制造单位，也在参与装备国产化攻关中快速发展壮大。王基铭成为中国石化重大装备国产化的奠基人之一。

到任中国石化后，王基铭以先进的工程建设理念指导中国石化基本建设。他提出工程建设要坚持"四个为主"的原则，即工程建设以技术改造为主、技术改造以提高技术含量为主、基本建设和技术改造以国产化为主、资金来源以自有资金为主，以此指导和推动我国炼油化工工程建设，完成了茂名乙烯、天津乙烯、广州乙烯、乌鲁木齐大化肥、九江化肥、宁夏化肥、燕山乙烯改造、镇海炼油改造、辽阳化纤二期工程、大连西太平洋炼油工程等重点工程建设并实现投料试车一次成功。

在中国石化企业正致力于向建设世界级、高科技、有竞争力的大型石油化工联合企业迈进的时刻，如何与国外的大型石油化工企业合资合作，在引进对方资金的同时，引入对方先进的技术和管理理念，以调整自己的产业结构，提升自己的经营管理水平，加快与世界先进企业的接轨，以增强企业的国际竞争力，是王基铭履职中国石化领导岗位后一直在思考的问题。经过多次谈判，上海石化与英国石油公司及其所属BP化工有限公司（合称BP集团）的合资项目就是一个成功的范例。

2000年9月，经过两周时间的海外路演，王基铭和他的同事们成功说服世界三大石油公司——埃克森、BP、壳牌成为中石化的战略投资者。

2001年9月13日，国家对外贸易经济合作部正式批准中国石化、上海石化和BP化工共同投资设立合资公司，并颁发批准证书。10月29日，合资公司获得上海市工商局颁发的营业执照，上海赛科石油化工有限责任公司正式成立。时任中国石化总裁的王基铭兼任首届董事长。赛科成立后，引进了一批石化建设项目。然而，国内惯用的业主自营管理模式越来越不适应石化工程项目建设，而外方BP坚持采用的"PMC（项目管理承包）＋EPC（设计采购施工）"的管理模式在工程实施中暴露出的矛盾也日益突出。

对此，王基铭大胆创新，分析研究现阶段石化工程建设项目管理模式的优势和不足，总结我国过去几十年石化工程建设的经验教训，结合石化行业发展的特点，提出并创立了适用于我国石化工程建设的"IPMT项目一体化管理组＋EPC＋工程监理"的工程项目管理模式，并在上海赛科90万吨/年乙烯工程中首次应用成功。此后，还在海南800万吨/年炼油、青岛1000万吨/年炼油、天津 100 万吨/年乙烯和镇海 100 万吨/年乙烯等重大工程建设中得到推广应用。实践证明，这种管理模式能够有效地优化工程组织，确保工程安全，节约工程投资，提高工程质量，不仅成为中国石化工程建设项目管理首选的先进管理模式，还成了国内外石化、煤化工工程项目普遍采用的工程管理模式。

2016 年，王基铭获评中国能源装备终身成就人物，其获奖理由是："在长期的石化工程建设实践中，王基铭院士提出了适合我国炼油化工工程建设的管理理念、方法和模式。在他的主持下，我国大型装备国产化不断取得突破，开创了国内成套技术进入当代世界先进行列的局面，彻底改变了炼油和石化项目建设的关键设备长期依赖进口的局面。"

书写新篇

2005 年，63 岁的王基铭辞去了中国石化股份公司总裁和中国石化集团公司副总经理的职务。从 1964 年 7 月华东化工学院毕业去地处高桥的上海炼油厂工作，到以中国石化高层领导身份卸任，他已为中国石化行业奉献了整整 40 个春秋。40 年的风雨阴晴，交织出一个个波澜壮阔的精彩故事。然而，精彩谢幕后，他并未选择赋闲颐养。

王基铭院士（右二）陪同陈锦华副主席（右三）参加上海石化 40 周年庆典

就在当年11月，经曹湘洪、闵恩泽、李大东、侯芙生、袁晴棠等20多位两院院士联合提名，由中国石化集团推荐，经中国工程院严格评选，王基铭以其深厚的石化工程建设管理理论和实践方面的突出贡献，通过无记名差额选举当选为中国工程院院士。此后，他先后担任中国工程院工程管理学部副主任、主任，把更多的精力投入到中国石化工业的发展上，主持开展了多个国家级的课题研究，尤其对石油炼制和石油化工给予了更多的关注，并取得了多项重要研究成果。

2015年，他带队完成了重化工业行业空间布局和区域协调发展调研项目，研究成果得到了中央高层领导的重要批示，并转有关部门落实。

2016年—2017年，他带队对14个省（直辖市、自治区）的102个单位进行了现场调研，对未来中国炼油和煤化工产业可持续发展及区域协调发展重大战略问题，提出了科学判断、战略方案设计和政策建议。

2017年，他作为主编领衔完成了《中国炼油技术新进展》的编写工作并出版。该书汇聚了中国炼油工业无数奉献者的科学技术成果，集中反映了近20年来中国炼油工业的技术水平和最新进展，对国内外从事石油炼制行业的工作者具有重要的参考价值。

此外，王基铭还充分发挥自己较高的社会威望、深厚的专业特长和卓越的组织协调能力，无私回报国家和社会。除在中国石化科技委员会任职外，他还先后在中国企业联合会、中国可持续发展工商理事会、复旦管理学奖励基金会、中国系统工程学会过程系统工程委员会等组织担任领导职务。同时，他还受聘为华东理工大学教授、博士生导师，致力于复合型创新人才的培养。

这位78岁的老人，正以他对石化事业的执着追求、对祖国和人民的无比忠诚和热爱，书写着人生另一篇精彩的华章。

故乡情深

尽管曾官居要职，尽管已离家多年，王基铭院士对家乡的情感却始终未变。他告诉我们说，他第一次回老家上虞是在1942年9月，那是在他出生百日后，他父母亲抱着他，回上虞的老家看望祖母。当时正是烽火连天、兵荒马乱的年月，因为父亲此前已将自己生了儿子的喜讯写信告诉了在老家的老母亲，而母亲竟始终没有回信，这引起了王基铭父亲的担忧，于是便决定带着出生才百日的儿子，回老家看望老母亲。回到家里，见老母亲一切安好，她不回信是因为找不到为她写信的人，再说家里也没有什么大事情，所以就一时没有给儿子回信。这是王基铭第一次故乡之旅，尽管尚在襁褓之中，但与故乡割不断的乡情、乡谊、乡思，正由此开始。

王基铭院士笑着对我们说："我现在每年有两次必须要回上虞去，一次是清明节，一次是冬至。因为我父母的骨灰都埋在上虞。再说我叔叔、堂弟、堂妹们也都在上虞，所以回老家的次数就比较多。对家乡，我始终怀着深深的感情，黄浦江连着曹娥江，以前院士不实行退休制，所以有时比较忙，回家乡的次数少了一些，现在院士也实行退休制，相对来说就比较空闲了，我就会经常回家乡去看看，虽然我年纪大了，但只要家乡需要我，我很愿意为家乡建设出一份力。"

参考文献：

1. 尚长文：《王基铭传》，人民出版社、中国石化出版社，2017年9月版。

2. 李东周、尚长文：《人生精彩献给中国石化工业》，《中国化工报》，2018年11月23日。

3. 徐光华主编：《走近虞籍科学家》，科学普及出版社，2010年10月版。

解读生命密码的人

——记中国科学院院士陈润生

陈润生，1941年6月出生于天津，祖籍浙江省上虞县（今绍兴市上虞区）。中国共产党党员。生物信息学家，我国最早从事理论生物学、生物信息学以及非编码RNA研究的科研人员之一。1964年毕业于中国科学技术大学生物物理系。1985年至1987年在德国纽伦堡大学从事量子生物学研究。1989年起任中国科学院生物物理研究所研究员。1994年至2003年作为访问学者先后在香港中文大学、美国加州洛杉矶大学、美国哈佛大学、日本大阪大学等从事合作研究。曾兼任国际人类基因组组织（HUGO）会员、国际数据库组织（CODATA）生物大分子专业组委员、国际纯粹及应用物理学会（IUPAP）生物信息学专业委员会委员、中国生物物理学会副理事长、秘书长等职。发表SCI学术论文200余篇，专著《基因的故事——解读生命的密码》是目前中国国内基因科学领域最重要的科普读物之一。1996年在第十五届国际科学技术数据委员会（CODATA）大会上获得"小谷正雄"奖，2008年获得何梁何利基金科学与技术进步奖，2012年获得第五届谈家桢生命科学成就奖，2013年获国家科技进步二等奖。

2007年当选为中国科学院（生命科学和医学学部）院士，2014年当选为国际欧亚科学院院士。

陈润生院士看上去就像一位消瘦的邻家大爷，平凡、朴实，不引人注意，但是一站到讲台上开口说话，就如同岳峙渊渟，大家风范。他侃侃而谈，思维敏捷而犀利，牢牢地抓住了听众的注意力，等他讲完退后两步喝水的时候，又变成了一个普普通通的邻家大爷。这是一位听过陈润生院士讲座的年轻人对他的评价。

30余年来，陈润生院士一直任教中国科学院大学生物信息学课程，从1988年一间小教室的二十几个学生到2020年大礼堂的900余人；从50岁到80岁，地方、人数、年龄——周围的一切都在变化，唯独陈润生没有变，他讲课的声音一直持续了33年，从未间断，仿佛穿透了时间，音量却丝毫未减。国科大与生物学有关的学生几乎都听过这门课，很多学生的学术方向因此改变。

2020年9月27日，第九届全国生物信息学与系统生物学学术大会在上海开幕。大会首次设立了中国生物信息学终身成就奖，作为我国生物信息学研究领域的开创者之一，陈润生院士和郝柏林院士等六位专家学者获得了这一荣誉，以表彰他们为我国生物信息学发展所作出的巨大贡献。

陈润生院士获得中国生物信息学终身成就奖

陈润生院士，我国生物信息学和非编码RNA领域的引领者和奠基人，他牵头主持过国家重点研究计划、"863"、"973"以及国家自然科学基金委重点、重大研究计划等多个关于"生物信息学"和"非编码核酸"的项目，有力地推动了我国生物信息学和非编码RNA的基础研究，引领了跨学科、创新能力强的中青年研究队伍，扩大了我国非编码RNA研究领域在国际上的领先优势。此外，陈润生院士一直致力于推动我国建立国家生物信息学中心，为解决我国数据资源流失的重大问题作出了重要贡献。

目前，陈润生院士专注于精准医学的研究，他认为，精准医学研究已成为新一轮国家科技竞争和引领国际发展潮流的战略制高点。近年来大数据的发展为医学带来了巨大的变革，生物信息学研究者还需要着眼于未来，综合考虑电子病历、可穿戴设备提供的生理生化指标、影像学、组学、病人的动态数据和相关环境数据，抽提这些多尺度、异质化、时序的数据进行分析，为医学的精准化发展和人类的身体健康作出贡献。

就是这么一位平凡的老人，站在了科学发展的前沿，推动着生物信息学领域的发展，践行着让科学造福人类的梦想。

求学之路

陈润生生活在天津，他的小学、中学学业都在天津完成。而他的学术生涯则起步于中国科技大学。1959年，陈润生从天津师大二附中毕业，参加全国高考，以优异的成绩考入中国科技大学生物物理系。

"我们当时在学校，给我们讲课的都是著名科学家，他们给我们灌输的并不是具体的知识，更多的是他们思考问题的方法以及从事研究的原始动力，我自己觉得兴趣是非常重要的动力，兴趣，一方面是科研的探索精神，一方面是责任感。"几十年后，回忆起在中国科技大学的学习生活，陈润生如是说。

中国科技大学是中国科学院于1958年9月创办的，1959年正式面向全国招生，当时中科大荟萃了一大批著名科学家，如严济慈、华罗庚、关肇直、钱临照、贝时璋等，贝时璋先生兼任生物物理系主任。当时的中国科学院组织了最优秀的科学家给陈润生他们上课，贝时璋先生给他们讲《生物物理绪论》，童第周先生的夫人叶毓芬给他们讲《胚胎学》。陈润生院士到现在还记得叶毓芬先生讲胚层怎么翻转，外胚层怎么转到内胚层去的情景。学校对他们的培养目标很明确，就是培养从事尖端科研的交叉学科人才。中科大生物物理系的课程很多，要求很高，数学、物理等学科都是和数学系、物理系的学生一起学一起考，学习压力很大，陈润生的成绩却一直名列前茅。中科大的学习经历对陈润生的科研生涯具有根本性的意义。生物信息学是一个高度融合的学科，没有在中科大的综合锤炼，很难说会有他后来在生物信息学方面的成就。作为一个研究生物的科学家，陈润生却在国家自然科学基金委当了30余年数理方面的专家，在理论物理所当了30多年的学术委员，在数学与系统科学研究院当了多年学术委员，这样的经历，都得益于在中科大的交叉学科的学习历练。

1964年，陈润生大学毕业，被分配到中科院生物物理所工作，并于1965年年初到1966年年底，在山西洪洞县和运城县参加了两期"四清"运动，和农民同吃同住同劳动。"那时候我毛衣的每一个眼里都长了虱子，还有很多跳蚤，这是我从来没有经历过的。"他回忆说，"现在回想起来，受点苦也没什么不好，至少让我们得到了锻炼。经历这些之后，我们的抗压能力增强了。"陈润生院士如此评价他的这段人生经历。

当时的生物物理所主要接受科学院下达的国防任务，重点研究核辐射的生物效应和宇宙生物学。贝时璋先生主张开展面向前沿学科交叉研究，因此在生物物理所成立了理论生物学研究室，并衍生出了仿生研究室，为国防需要进行仿生学方面的研究。当时仿生研究室交给陈润生的研究任务是研究鱼如何在水中减少阻力，希望能够建立模型，改变我国潜艇、船只的动力学特征。这是他学术生涯的开始，但是随着"四清"运动和"文化大革命"的开展，他的研究困难重重，无法开展。

"文化大革命"结束后的1978年到1980年，陈润生受所里委派，去吉林大学师从唐敖庆先生学习量子化学。回到所里后，陈润生开始做生物大分子的理论计算，先搞蛋白质结构的理论计算，既包括空间结构也包括电子结构，后来又扩展到遗传密码的序列分析，对遗传密码的序列特征做了一些独立的探讨。1985年至1987年，他赴德国纽伦堡大学从事量子生物学研究，研究范围包括核酸和蛋白的电子结构及空间结构的理论计算。

参与人类基因组计划

1985年，美国生物学家、诺贝尔奖获得者杜伯克率先提出人类基因组计划，以期解开人类生老病死的奥秘，并彻底破解控制各类疾病的基因密码。1990年，人类生命科学史上一项最伟大的工程——人类基因组计划启动。2000年2月26日，由美国、英国、法国、德国、日本和中国科学家共同参与的第一份人类基因组草图基本绘制完毕并于2001年公开发表。这是迄今为止人类完成的最重要、最令人惊叹的图谱。人类基因组计划的实施，让人类开始逐渐触碰到了生命的奥秘，由此也诞生了一个全新的学科——生物信息学。

陈润生院士是我国生物信息学的开拓者之一。1979年，贝时璋先生邀请著名生物化学与生物物理学家徐京华担任生物物理所理论生物研究室主任，当时的陈润生和丁达夫、王宝翰等一道，在徐京华先生带领下开展理论生物学研究。那时候陈润生研究的就是遗传密码的分析。

1989年12月，*NATURE*（《自然》）杂志上发表了当时美国政府任命的人类基因组计划首席执行官、诺贝尔奖获得者沃森的论文，沃森在论文中谈到了即将开展的人类基因组计划的研究，以及他对这个事件所具有的深远科学意义及影响的看法。作为一个科学家，陈润生敏锐地感受到了这一事件的重要性，他非常激动，当即给沃森写了一封信，表达了自己对这一事件的理解和感受。一个月后，陈润生收到了美国国立卫生研究所寄来的一个厚厚的邮件，里面有沃森写给他的一封长信，以及两个材料。沃森在信里感谢陈润生作为一个中国科学家对人类基因组计划也感兴趣，同时进一步阐明了人类基因组研究的意义，并告知陈润生随信寄给他两个材料，供他参考。沃森先生寄给他的两个材料，一个是美国第一个人类基因组计划的蓝皮书，美国人类基因组计划属于美国国家计划，由当时的美国总统签字实施。第二个材料是最近美国国立卫生研究所实验室的设置和每个实验室的主管科学家的名单，其中里面有一个新成立的部门——基因组信息学部门。开展人类基因组研究，要成立相关部门，进行遗传密码的破译工作。陈润生院士是中国科学家中第一个直接得到美国人类基因组计划蓝皮书的人。

1990年，人类基因组计划刚启动，当时中国科学院生物学部副主任、国家自然科学基金委员会生命科学部主任吴旻等科学家就意识到了这一研究的深远意义，他们在不同场合呼吁中国参与人类基因组计划。吴旻先生找到了医学科学院基础所的强伯勤和瑞金医院的陈竺，一起探讨如何在中国实施人类基因组计划。陈润生知道这一信息后主动和吴旻接触，表达了自己参与人类基因组计划研究的愿望。由于在"文革"中一直没有放弃学习和研究，陈润生年纪轻轻就评上了研究员职称。陈润生向吴旻阐述了自己对遗传密码和人类基因组研究的高度认识，同时说明了自己的学术经历和学术专长。吴旻先生组织的团队全是医学专家，都是一线搞实验的，缺乏理论分析方面的人才，而做理论分析恰好是陈润生的专长，正好可以弥补团队的不足。陈润生同时表示，考虑到研究经费紧张，自己不需要任何资助，只为做事。

也许是陈润生的真诚感动了吴旻先生，后来，吴旻先生答复陈润生，让他参与了进来。"我非常感谢吴先生，要没有他给我这个研究机会，我后来未必能搞生物信息学研究。"多年后陈润生院士回忆起这件事时说。

当时，中国的人类基因组计划和水稻基因组计划被同时提出，限于国家财力，也限于对这一研究的认识，水稻基因组被最先列入国家计划，而人类基因组计划在一段时间内没有得到资助。当时的生物信息学研究困难重重，除了资金困难，没有研究基础，没有研究队伍，缺乏科学实验的数据，甚至找不到研究方向。陈润生带着他的学生就是在这种情况下开展研究工作。由于吴旻等老科学家的倡议，国家自然科学基金委设立了人类基因组计划相关项目。1993年，国家自然科学基金委给中国的人类基因组计划拨款300万元。陈润生参加了中国人类基因组计划在上海召开的会议，并分配到了一部分工作和研究经费，至此，陈润生开始了生物信息学的研究，并与一批科学家一起，紧密地参与了国际人类基因组计划。

当时，陈润生的任务是从测定出的DNA序列中找基因，但是用传统的办法总是找不到，这就促使他寻找一些原创性的方法。陈润生提出了密码学理论，就是用破译军事或商业密码的一些基本参数和思路去解析DNA，这使得中国人的遗传密码破译工作做得相当不错，跟各国科学家一起完成了人类基因组草图的破译工作。

陈润生发现，无论是用其他科学家创立的方法，还是他自己建立的密码学的方法，在分析实打实的遗传密码时，仍然很难找到基因，这令陈润生非常迷茫。在人类基因组计划各国科学家交流的时候，陈润生惊奇地发现，在找基因方面，美国人、欧洲人、日本人都发现得很少。慢慢地，各国科学家形成了猜测，是不是人的遗传密码中真正用于编码蛋白的序列很少？即人类基因组中绝大部分序列都不是用来编码蛋白质的，是非编码序列。

陈润生当时做了一个选择，与其搞大家都知道的事，还不如搞大家都不知道的事。陈润生在生物物理所是一个比较特立独行的人，他的研究方向经常和别人不一样，生物物理所的环境比较宽松，从不干预他的研究。课题组从1993年起全力转到非编码基因组的研究，这在国内是首次。刚开始时，这方面的研究工作不被大家认可，陈润生感到很有压力，但他的态度是坚定的。1993年，陈润生在理论物理所做了非编码方面的学术报告，得到了著名物理学家彭桓武和郝柏林的肯定，这使他有了信心。他在非编码方面的研究比国内的一般研究组早了至少10年。那时候，非编码基因组是一个陌生的世界，不像现在，科学家们都已经了解了非编码的重要性。一个人的

陈润生院士在中科院生物物理所作报告

遗传密码，只有3%用来编码蛋白，那么，另外的97%里该会有多少未知的东西！陈润生的选择是正确的。

陈润生还建立了一个收集非编码所有元件的数据库——NONCODE。这是迄今为止国际上相关资料最全的数据库，并被各国科学家使用。他去美国、澳大利亚等国参加国际会议，那些科学家都会提到这个数据库，并告诉他，他们也在使用这个数据库。

"我们从中学起就学中心法则。DNA复制出信使RNA，信使RNA再翻译成蛋白质，这个生命活动的中心法则已经深深镶嵌到每个人的知识结构之中。一般都是这么认为的，所以我们当初并没有怀疑，测出遗传密码后就想找到编码蛋白的基因在哪儿。经过一两年，在DNA链的很多地方都找不到基因，大家才开始从另一个角度来考虑，是不是基因就是少？在某种意义上，这是跟中心法则抗争的结果。后来，就得到了占97%的绝大部分DNA链其实都不是编码蛋白质和多肽的结论。得到这个印象后，我没想别的，也不再发展找基因的方法了，而是把我组里的人全部转来研究那97%的非编码。我们一点都不比美国斯坦福大学后来获得诺贝尔奖的安德鲁·法尔的工作晚，因为他那篇文章是1996年发表的，而我们1993年就开始搞了。换句话说，我们跟他都是各自独立同时起步的。遗传密码的绝大部分其实并不是编码蛋白，这个事实明确以后，一部分敏感的人肯定会转到这方面的研究来。当时国内以真实的遗传密码序列为研究材料的人很少，所以自己把非编码研究作为研究课题转向的对象，这个判断是正确的。"陈润生院士在接受采访时如是说。

作为我国最早参与人类基因组计划的科学家之一，陈润生院士带领他的团队，开创了遗传基因测序的密码学方法。他先后获得了何梁何利基金科学与进步奖、谈家桢生命科学成就奖，他也是我国非编码RNA研究领域最著名的科学家之一，他的研究成果为更全面地认识生命活动与疾病发生提供了新的理论和依据。从20世纪90年代至今，陈润生院士的科研历程，见证了我国生物信息学的诞生与发展过程。

聚焦精准医学

2007年，陈润生当选为中国科学院院士。面对这个耀眼的头衔，面对荣誉和鲜花，陈润生心态平和，依然是一副谦和平淡的样子。他在接受《科学时报》记者的采访时说："我想我这次能够当选院士，主要是评审专家对我两方面工作的肯定。一是我长期坚持在生物信息学方面进行研究，对基因组的研究作出了一定的贡献；二是我在非编码序列的研究中取得了一些原始发现。我非常高兴能在这样一个非常前沿的领域做了一些应该做的工作。"

陈润生（四排左九）参加中国科学院第十五次院士大会时与生命科学和医学学部院士合影

作为我国最早从事理论生物学以及生物信息学研究的科学家之一，陈润生和他的课题组主要研究方向包括：利用生物信息学手段并结合实验室多年积累的RNA（核糖核酸）组学技术，深入开展在肿瘤发生、发展以及干细胞重编程过程中长链非编码RNA的系统发现和功能机制研究；非编码RNA数据库（NONCODE）、非编码RNA与各种生物大分子相互作用数据库（NPInter）以及其他专家数据库的构建与升级；构建由RNA和蛋白质共同实现的典型Pathway或生物网络（RNA与蛋白质的双色调控网络等）；肿瘤分子标志物识别算法的开发与分子标志物筛选高通量平台的设计与应用；非编码调控区域变异与疾病的关联研究，以及多组学数据的整合分析；非编码 RNA 翻译复杂性的理论与功能机制研究。

在基因组信息学领域，陈润生院士和他的团队做了卓有成效的工作，受到了国内外同行的一致肯定。1996 年，

陈润生院士（一排右五）参加生物信息学发展战略研究启动会

他应邀参加了在日本筑波召开的第十五届国际科学技术数据委员会大会，并作 "Kotani Memorial Lecture（小谷纪念讲座）"，受到与会者的赞赏。由于他在该领域所取得的成绩，他同时获得了 "小谷正雄" 奖。

陈润生院士带领他的团队，克服重重困难，拨开科学的层层迷雾，坚持不懈，锲而不舍，在非编码序列、非编码基因、非编码 RNA 的研究中，在一些特定长度范围内独立地发现了百数量级的新的非编码基因，这些研究成果得到国际同行的广泛承认，推进了基因研究的进展，使我国在基因研究领域获得了重要的国际地位。

目前，陈润生院士和他的研究团队，正在将生物信息学的研究成果，转化为新技术新应用，即疾病的早期发现和精准治疗上。

科技的发展推动着社会和人类生活的变革，生物信息学的发展，深刻地影响着人类对自身的认识，推动了医学的发展，由于遗传密码的破译，生物学、医学领域进入了大数据时代。大数据改变了医学面貌，使得诊断更明确、用药更精准、治疗更有效成为可能，精准医学随之发展。

2015 年 1 月，美国前总统奥巴马发表国情咨文，其中提到了 "精准医学计划" 这一概念。至此，"精准医疗" 这一概念迅速引起各国政府的关注，中国政府相关部门也随即跟进，在重点研发计划中设置了 "精准医学" 专项。但中国的精准医学发展刚刚起步，在分子水平上，仍然有很多信息还没

科学巨匠 KE XUE JU JIANG

虞籍院士风采录

有被分析和解释。在临床上，数据分享仍然是很大的瓶颈。同时，产业发展也很不规范。

陈润生院士专注于生物信息学在精准医疗领域的应用。对于精准医学，陈润生认为，这是在现代医学基础上增加了以遗传密码为代表的组学大数据，它能获取一个人从出生到死亡的组学数据，从而对其健康状况进行评估，建立与其健康相关的方案。精准医学针对全民，任何人都可以检测相关组学数据，在他没有发病的时候，从遗传角度、组学角度看哪些因素在未来可能导致疾病，在疾病来临之前作出相关的干预，终止或者推迟某些疾病的发生，从而将诊疗关口前移。

目前，陈润生院士在广东佛山建立起自己的公司，他们通过技术创新，研制出一套非编码检测工具，包括检测芯片、检测测序、数据解析平台三大部分，其中检测芯片可以检测97%的基因表达谱表现。

"这也意味着，可以监测你得各种病后，你的基因相比之下发生了哪些变化。"陈润生说，在佛山的实验室内，基因表达谱芯片已经发展到第五代产品，"虽然国内有一两款类似产品，但我们的芯片基因力度是国际最好，正在申请国际专利中。"陈润生说。基因技术的研究成果在推动医学革命性变革的同时，也带来了相关产业的发展机遇。目前，陈润生的公司还设计了所有关于非编码系基因的算法，这些研发成果，将成为在国际上具有创新性和竞争力的产品。

科学家的责任

《基因的故事——解读生命的密码》是陈润生院士写的一本科普读物，它是目前国内基因领域最重要的科普读物之一，该书曾获得第三届"三个一百"原创出版工程作品科学技术类奖。院士写科普读物，在有些人看来是杀鸡用牛刀。但在科学发展日新月异的今天，向民众普及前沿的科学知识，弘扬科学精神，是一个科学家的责任，有利于破除各类伪科学以及迷信，能够启迪民智。

当下中国，各类封建迷信思想和伪科学仍然会沉渣泛起，弘扬科学精神是当务之急。2013年，中国科学报社等机构发出了《回归科学精神，拒绝低俗迷信——致全国知识界的公开信》，公开信号召：我们倡导知识界与各界人士团结起来，以身作则，努力提高自身科学素养，做科学精神的倡导者，做科学知识、科学方法的传播者！通过榜样力量，努力做好科学与社会公众之间的桥梁，为早日实现国家"创新驱动发展"战略作出应有贡献！陈润生院士也在公开信上签名，表示支持。

陈润生与刘凤合著的科普读物

2018年11月26日，南方科技大学的贺建奎副教授在第二届国际人类基因组编辑峰会召开前一天宣布，一对名为露露和娜娜的基因编辑婴儿已经诞生，这一试验由他主导的研究团队完成。当时，有一百多位专家发布了共同声明，对贺建奎这一行为予以强烈谴责，并且要求对贺建奎本人及相关部门启动追责程序。

陈润生院士也清楚地表明了自己的态度："我非常支持国家对基因编辑建立监管机制，监管不是简单地说两句话就够了，这其中牵扯到学术问题。""这是一个很复杂的问题，这是一个随着基因编辑，涉及伦理学和法律学的问题。""我们应该找合适的专家达成一个共识，这个共识是要有学术深度的，未来大家按照这个共识来约束行业，否则很多事情都不好处理。""除专家共识之外，基因编辑需要立法，要把很多问题厘清之后，得出更加深刻的认识，这些内容才是科学的，有用的。"

这是一个负责任的有良知的科学家发出的声音，这些声音，表现了陈润生院士作为一个科学家的社会责任感。他还经常参加社会活动，做学术报告，通俗易懂地向大家介绍生物信息学的相关知识、发展方向。他不仅仅是一个埋头书斋和实验室的人，还是一个热衷于普及科学知识、践行科学精神，心怀民众、有家国情怀的人。

根在何处

陈润生院士祖籍浙江上虞。中国人一向重视自己的根在哪儿，正如陈润生院士在给故乡上虞的题词中深情地写的那样："怀山之水必有其源，合抱之木必有其根。"陈润生院士的父辈们从南方迁居北方，他生于天津长于天津，但"祖籍在上虞"这句话却一直萦绕于心。如今，陈润生已是古稀之年，但他对家乡的牵挂始终如一，他的"寻根之梦"也始终未变。"我在天津的亲属如今都还健在，回去以后我会积极寻找各种线索，希望能寻到根，让我这个漂泊在异乡的游子能够回家！"2017年，当时上虞区政协领导趁他在杭州讲学之际去拜访他，他握着故乡领导的手激动地说。

"我的父亲叫陈文仲，在家中排行老二，以前在南开读书，曾从天津到西安参加抗日，后来又参加了赴缅、赴印远征军。有一次我去腾冲开会，发现一块刻着10万牺牲将士的纪念碑，该碑25区刻着我父亲的名字。"陈润生回忆说。

陈润生先生的父亲，是中国驻印军孙立人将军麾下的一个基层军官，牺牲于滇缅战场。父亲是个热血青年，作为一个南开学子，满怀抗日热情。天津沦陷后，他和其他热血青年一道，冒着生命危险冲过日占区的封锁线，先到西安，后加入远征军。父亲离开时，陈润生才一岁，他没有见过自己的父亲。

现在已无从知道，陈润生的父亲是牺牲于缅甸还是云南。陈润生也一直在追寻父亲的消息。为此，他特意去了云南腾冲，那里有一个"国殇墓园"，他想在烈士碑中找找父亲的名字。

腾冲"国殇墓园"位于云南省保山市腾冲市西南叠水河畔小团坡下，占地80余亩，1945年7月7日落成。它是全国建立最早、规模最宏大的国军抗日烈士陵园，"文革"后历经数次维修。青山埋忠骨，热血照千秋，"国殇墓园"的墙上刻着10余万远征军将士的名字。前后两次，共计30余万人远征，无数烈士埋骨他乡异国，许多人却连姓名都没有留下。陈润生不止一次去过"国殇墓园"，开始时他没有找到父亲的名字。后来，他在墓园碰到了一个讲解员，讲解员告诉他，现在，墓碑上的10万远征军将士的姓名，都已经录入电脑，可以帮他查找。陈润生把父亲的名字写给了他。管理员在电脑上查到了他父亲的名字，在第25区的墓碑上。陈润生走到25区，在管理员告诉他的墓碑处，他看到了父亲的名字：陈文仲。

父亲是个抗日英雄。他是陈润生的骄傲，也是上虞人的骄傲。

战火纷飞的年代，一个年轻人穿越日军的重重封锁，投笔从戎，牺牲在了保卫疆土的战场上。几十年后，一位脚踏实地的科学家，以其锐利的眼光、锲而不舍的精神，开拓着科学的前沿，实现着科学报国的理想。他们的身上，都延续着中华儿女几千年来绵延不绝的爱国精神、家国情怀。

很久很久以前，一些人离开故土上虞，漂泊异乡。如果他们还生活在这个世界上，不知在他们的记忆里，是否还有故土的影子，他们的梦里，是否还有对故土的眷恋。

"因为长期在外，我对家乡上虞不甚了解，有机会一定回故乡看看！"当年，陈润生院士握着前去看望他的故乡上虞的领导的手说。

2017年，陈润生院士因业务上的原因，与时任浙江大学邵逸夫医院院长蔡秀军会面，交谈中，陈润生院士得知邵逸夫医院要办一个分院，他竭力向蔡秀军院长推荐了故乡上虞，并亲自陪同蔡院长赴上虞考察，参与初步意向的商讨，尽其努力积极推进，最终促成邵逸夫医院分院落地上虞。其间，陈润生院士又专门为春晖讲堂做学术讲座，蔡秀军院长亲自陪同。

他终于圆了"寻根之梦"。

参考文献：

1. 任安波、熊卫民：《陈润生院士：敢为天下先，从理论生物学到非编码RNA》，知识分子网，2018年9月5日。

2. 龚洁颖、章懿清：《上虞区组织拜访虞籍乡贤、中科院院士陈润生》，浙江新闻客户端，2017年1月7日。

3. 蓝志凌：《我在佛山研究人类基因的秘密》，南方网，2017年5月14日。

4. 李子君：《陈润生院士：支持基因编辑监管但不应"一刀切"》，中国网医疗频道，2019年1月28日。

探索人体小宇宙的奥秘

——记中国科学院院士金力

金力，1963年3月出生在上海，祖籍浙江省上虞县百官镇（今绍兴市上虞区百官街道）。中国共产党党员。人类遗传学家，主要从事人类群体的遗传多样性和人类性状的进化机制研究。1985年毕业于复旦大学遗传学专业。1987年研究生毕业于复旦大学遗传学专业并获硕士学位。1994年获美国得克萨斯大学生物医学、遗传学博士学位。曾任美国得克萨斯大学公共卫生学院副教授（终身教职，1999年）、美国辛辛那提大学医学院教授（终身教职，2001年）。1997年兼任（2005年起全职）复旦大学生命科学学院教授、院长。1999年获聘教育部长江学者（讲座教授），2002年被科技部聘为"973"项目首席科学家。2005—2010年兼任马普—中科院计算生物学伙伴研究所共同所长。2006年获国家杰出青年基金，2007年任复旦大学副校长兼研究生院院长。2011年入选国家"千人计划"，2011年5月起任复旦大学党委委员、常委、副校长。2020年任复旦大学上海医学院党委副书记、院长。兼任德国马普学会外籍会员、国际人类基因组组织理事、上海市遗传学会理事长、上海市人类学会理事长，以及《基因组研究》等9家国际学术杂志的编委。在《自然》《科学》《美国科学院院报》等国际知名科学期刊发表了SCI论文700篇，共被引3万次以上。先后获何梁何利基金科学与技术进步奖、谈家桢生命科学创新奖、谈家桢生命科学成就奖、国际人类基因组组织（HUGO）卓越科学成就奖。

2013年当选为中国科学院（生命科学和医学学部）院士。

2017年6月24日，一场题为"从智人到神人——人类的未来将会如何?"的演讲在上海科技馆的上海科普大讲坛举行。中科院院士、复旦大学教授金力和上海交通大学计算机科学与工程系教授吕宝粮分别从基因进化和人工智能的角度畅谈人类未来。

讲坛先由进化遗传学家金力院士开讲，他抛出的课题是"究竟是先有鸡，还是先有蛋?"这个著名的课题一经抛出，便吸引了大家的注意力。金院士认为，根据进化遗传学理论，应该是先有鸡蛋，然后才有鸡。他还告诉听众，40%汉族人的基因组有3个Y染色体单倍型，说明汉族人有3位祖先，这与传说中的"三皇"吻合。至于是不是伏羲、神农、黄帝，科学家就无从知晓了。

金力院士在星空论坛做讲座

接着他又解释说，基因突变可分为两种：生殖细胞突变、体细胞突变。前者是可遗传的；后者不可遗传，在人体内可能引发癌症。从这个科学原理的视角看"先有鸡，还是先有蛋"，我们首先应把问题进一步明确为"先有鸡，还是先有鸡蛋"，然后推断，在生物进化史上，鸡的一个祖先某天生出了一枚蛋，这枚蛋发生了可遗传的生殖细胞突变，孵化出的不再是鸡的祖先，而是鸡。"所以是先有鸡蛋，后有鸡。"金力的这番话，平息了在场听众的热烈争论。

跨入生命科学的门槛

金力是上虞县百官镇（今绍兴市上虞区百官街道）人，尽管他出生在上海，但他对老家的记忆是清晰的。据他描述，他们家的房子就在金家道地的旁边，现在还有一些亲戚住在那里。他告诉我们，他们一家是在抗战爆发后逃到上海的，当时日军侵略者的飞机对百官镇进行了多次轰炸，不仅炸毁了很多房屋，还炸死了很多人。他们一家先是逃到乡下亲戚家，但乡下也不安全，于是就逃到了上海。

小时候金力曾多次跟随爷爷奶奶和父母亲回老家百官镇省亲。他清楚地记得从曹娥火车站下来后，跨过曹娥江铁路大桥，转过龙山头，穿过解放街然后到达金家道地的情景。那时候，因为爷爷奶奶在家里说的都是上虞方言，他由此也会说一口地道的上虞方言。爷爷奶奶去世后家里人不再说上虞方言了，加之他又外出读书和参加工作，那口地道的原汁原味的上虞方言便渐渐地淡忘了，但从金力说的一口上海普通话当中，我们还是可以从中听出一些上虞方言的韵味来。

金力的初中在上海有名的格致中学就读。格致中学创办于1874年，一百多年来，尤其是新中国成立以来，这所一贯秉承"爱国、科学"优良传统，弘扬"格物致知、求实求是"精神，坚持"发展、和谐、崇理"办学特色的学校，为国家培养了大批优秀人才，包括9位两院院士，而金力就是其中一位。

1981年，金力从格致中学毕业后，以优异成绩考入复旦大学生物学系遗传学专业。金力原本打算报考的是数学或物理专业，但这时候，他读到了中国现代遗传学奠基人谈家桢教授的一篇论述生命科学的文章。谈教授预言："21世纪将是生命科学的世纪。"受此预言的影响，金力从此与遗传学结缘。因当时正是改革开放的初期，国内各学科迎来发展的春天。谈家桢觉得这是中国遗传学发展的大好机遇，于是，他从进化遗传学入手，决定选拔学生进行遗传学和数学的交叉培养。"当时共选了4个学生，1个硕士生、3个本科生，而我就是其中的一个本科生，主攻进化遗传学。"金力回忆说。

1985年，金力毕业于复旦大学遗传学专业，1987年研究生毕业于复旦大学遗传学专业并获硕士学位。之后出国留学，1994年，金力从美国得克萨斯州立大学获得博士学位后，到斯坦福大学做博士后。这一年的冬天，一个人的到来，改变了金力的事业和人生的走向。这个人就是他的恩师、年已85岁的谈家桢先生。

谈家桢这时候到斯坦福找金力不是来旅游的，而是来与他的这个得意门生谈生命科学研究的。他认为，整个生命科学分为个体发育和系统发育，即微观和宏观两方面。在个体研究方面，当时在耶鲁大学任职的许田做得很好。在系统发育方面，金力做得很好。所以他这次到美国来，就是想请两人回国发展。

对谈先生的这次美国之行，金力院士至今仍记得十分清楚。他说，当时他正与一位同事合租一间办公室，为了给谈先生找个地方休息，他就带着谈先生来到医学院的学生休息室休息。下午工作间隙，他去学生休息室找谈先生，只见先生正躺在外面一条长凳上午睡，即使环境很嘈杂，他也照样睡得很香。金力说："谈先生如此高龄了，还在为我国生命科学研究事业操心、奔波、劳累，我心里十分感动。当时我就打定了主意，回国去！"

1996年，金力在斯坦福大学博士后出站，在美国5所大学提供的教职之间做选择时，他提出的条件是每年必须有3个月时间回母校复旦大学工作，当时希望他去工作的德州大学答应了他提出的条件。

1997年1月，金力开始到德州大学正式上班。是年4月，他回到复旦大学组建实验室，从而成为国内最早"两边跑"的学者之一。但实验室成立，还只是迈开了第一步，接下来还有很多困难等着金力去克服。首先是资金，因为当时学校拨的研究经费已经用完了，待实验室开始启动时，学校已经拿不出资金了。正在这时候，他的恩师谈家桢给他拿来了一张15万元的支票，"这真是雪中送炭啊，让我太感动了，但我知道这钱是老师多年来获得的奖金，太沉重了，我不敢用啊。"金力笑着对我们说。后来，在许智宏院士的帮助下，金力终于筹措到30万元研究经费。钱到账以后，金力赶紧把恩师的那张15万元支票送了回去。

2002年，复旦大学启动生命科学学院院长的全球招聘，金力得知消息后，决定回国应聘。2003年，金力被聘为院长。从那时起，金力每年有9个月会在国内工作。到了2005年，金力向美国方面提出辞呈，决定彻底回国参加工作。"回国始终是我的第一选择，网上有一些错误报道说我是美籍华人，其实我自始至终只有中国国籍，从未入过美国国籍，只有绿卡，后来回国不久，我又放弃了绿卡。"金力说。

探索基因中的历史

金力的研究方向是人类遗传学。十几年来，金力用群体遗传学、遗传流行病学、基因组学和计算生物学等方法，系统解析了东亚地区人群的遗传结构、群体分化、迁徙路线、人群混合和环境适应等进化事件，并在此基础上系统阐述了基因—表型—环境三者之间复杂的进化关系。其研究的学术成果，在国内外学术界引起广泛关注。

2010年7月10日，金力在复旦大学所作的一次题为《写在基因中的历史》的讲演，用通俗易懂的语言，从"研究人类历史的窗口""为什么可以借助遗传学""遗传标记隐含人类历史痕迹"及"历史研究如何用好遗传学工具"4个方面为我们阐述和解析了这一古老而又深奥的科学命题。

他说，如果说史籍上记载的是一个一个的点，考古也是研究一个一个的点。而我们可以把这一个一个点连在一起的话，那么，基因研究对于历史研究的贡献，就在于它能把人给关联起来，可使我们看到历史学、考古学和基因研究相互融合、相互交叉的可能。

金力说，研究人类历史，最主要的窗口当然是史籍。史籍记载的是曾经发生过的事件，同历史学相关的还有考古学。考古学研究什么呢？考古现场会有一个墓或一个遗址，是人类活动留下的痕迹。这些痕迹是发生过的事件及其时间、地点、人物所留下的实物证据。通过史籍记载下来的历史事件是我们所看不到的，而考古则让我们回到过去，看到一些过去发生过的事情。

现在，我们再增加一个考察坐标，那就是基因。实际上，基因虽然不能告诉我们历史事件中的时间、地点和人物，但它可以告诉我们人群间或者人物间的关系。比如，任何两个人之间的生物学关系究竟如何，借助遗传学分析就可以做一个推测。又比如，现在的汉族和藏族两群人之间的关系如何，也可以通过遗传学做分析和推测。所以，基因研究可以把人们关联在一起。如果我们试图推测历史上曾经发生过什么，我们主要依靠的是寻找历史的痕迹。这些痕迹可以从多个学科去分析，比如历史学、历史语言学、考古学甚至古生物学，还有人类学、气象学、进化遗传学等。但是这些学科所告诉我们的时间纵深度是不一样的。比如，历史学可以使我们上溯到4000年前，这4000年已经上溯推衍得很远了，像甲骨文就是上溯推衍到3000年之前。历史语言学则通过语言的比较，去发现语言是如何进化、怎样分化的，最多的年限可上推到6000年前，如果要推到1万年前，则要借助一些猜测了。考古学因为有实物保存，从现在的学科发展来看，至少可以追溯到250万年之前。而古生物学、古人类学和进化遗传学可以推得很远，因为人类和黑猩猩作为两个物种在进化上分开是在距今500万年到700万年之间。历史可以通过史籍研究去推测、了解，但史前史一直是遗传学和考古学的强项，尤其是遗传学，因为它基本上在推测史籍上没有的东西。

所以，当历史学和遗传学交汇的时候，遗传学增加了时间上的深度。当然，遗传学和历史学最大的差别在于，遗传学是真实的。你可以到处说你是某位历史名人的后代，而遗传学只要获得了关于那位名人的DNA准确信息，就可以准确无误地告诉你，你究竟是不是他的后代……

他的讲述，使听讲者受益匪浅。

作为中国著名的人类遗传学家，金力是国际人类基因组计划的重要参与者、国际人类单倍型计划的推动者、泛亚SNP计划的组织者之一以及国际人类表型组联盟发起者之一。2019年4月26日，在韩国首尔召开的国际人类基因组大会上，金力荣获由国际人类基因组组织颁发的卓越科学成就奖。这是对金力院士在人类基因组和人类表型组等新领域所作贡献的高度认可，是我国科学家的荣誉和骄傲。

2019年，金力院士（右一）获国际基因组组织（HUGO）卓越科学成就奖

在这次大会上，金力受邀作了"从基因组到表型组"的大会特邀报告。他指出，在人类基因组计划取得历史性成就之后，实施人类表型组计划将开启生物医学研究新范式。通过精确绘制人类表型组导航图，将推动人类基因组密码与表型组特征的完美对接，为共生共享的"人类健康共同体"愿景奠定坚实的科学基础。

瞄准世界遗传学的前沿

作为在生命科学研究中成就斐然的科学家，金力与他的团队现在又瞄准了更高的目标，他们遵照党中央提出的"要以全球视野、国际标准建设张江综合性国家科学中心，提升科学中心的集中度和显示度，在基础科技领域做出大的创新、在关键核心技术领域取得大的突破"的新要求，正积极主动服务国家战略，发挥复旦大学的学科优势，瞄准世界生命科学的最前沿，以贡献促共建，在上海张江科创园，建成了世界一流水平的张江复旦国际创新中心。该中心的具体方案是"一计划两中心"，即国际人类表型组重大科学计划（生命与健康）、微纳电子与量子国际创新中心（信息技术）及脑与类脑智能国际创新中心（交叉）。

国际人类表型组重大科学计划则由金力亲自领衔。自2000年"人类基因组计划"完成之后，国际科学界发现亟须全面研究人类表型组，补充所需信息的另一半，并对基因、环境、表型之间的多层次的关联、整合以及三者整体性进行研究，为全面解读人类生命健康密码提供科技支撑。"人类表型组计划"已经成为继"人类基因组计划"后的又一战略制高点，为生物医学研究提供了新的突破口，并将引领生物医学发展。

在2016年4月由国务院批准的《上海系统推进全面创新改革试验加快建设具有全球影响力的科技创新中心方案》中，"国际人类表型组"被列入需布局的重大科学基础工程。在上海市级科技重大专项资助下，复旦大学将联合全市优势资源，系统刻画健康、亚健康、疾病、特殊才能人群的表型特征，实现遗传与发育基础研究与健康管理及医疗应用的接轨，发展个性化健康调控策略和个体化防诊治医疗方案，为精准医学、精准健康和大健康产业的跨越发展提供原创性成果，助推上海科创中心建设。

金力说，脑与类脑智能国际创新中心就是充分利用上海在脑科学研究方面在中国乃至世界的优势，结合上海在制造和医学方面的传统地位，开展类脑人工智能算法、重大脑疾病智能诊断、新药智能研发、类脑智能机器人等研究。同时开发脑信息采集芯片和可嵌入的脑疾病治疗芯片，发展基于脑原理的智能计算芯片。预计到2020年，建立脑科学大数据平台，在解析大脑运作和信息处理机制、设计新型高效的类脑人工智能算法、类脑计算芯片和脑治疗芯片、研究类脑智能计算理论方面取得突破，推动类脑技术在疾病诊断、新药研发、智能机器人等领域的应用。

金力告诉我们，张江复旦国际创新中心的"一计划两中心"，个个项目均瞄准了世界高科技的最前沿，尤其重要的是，中心构建的是三个开放性大平台，以"复旦"命名，但所有科研都不再是复旦一家高校的项目，彻底地打破围墙。"我们希望为上海科创中心建设创造最具活力的机制，同时这也是复旦迈向世界一流大学的必然选择。"金力充满信心地对我们说。

青出于蓝而胜于蓝

若按辈分来说，中国现代遗传学的开山祖师谈家桢是金力的"师祖"，因为金力是谈家桢的弟子刘祖洞教授的学生。不过，若论人生或学术，谈家桢则是金力人生路上的导师和学术上的指路人。2013年11月，是谈家桢先生105周年诞辰暨去世5周年，金力在接受《中国科学报》记者采访时，曾深情忆及这位一代宗师对他的教诲和引领。金力说，他从谈家桢教授身上得到的不仅仅是学术的帮助和指导，更重要的是从他身上学到了育人为师、甘为人梯的品德。金力曾多次说到，他培养学生就是希望学生超过他。而这个想法也是源于谈家桢先生。谈先生在世时非常注重人才培养，他曾提出，本科生就要做科研。他看到当时本科一年级的李辉是个好苗子，便对金力说："这个小伙子不错，交给你了，要好好培养。"现在，李辉已是复旦大学生命科学学院教授。

正是受导师的影响，如今金力也培养了一批让他引以为傲，并且青出于蓝而胜于蓝的学生。他曾说："在历史人类学领域，李辉比我强；在基因组的结构变异方面，张锋比我强；表观遗传学方面，文波比我强；遗传分析领域，南加州大学的张鲲比我强；混合人群分析方面，中科院马普青年科

金力院士与学生在讨论问题

学家小组组长徐书华比我强……一旦学生做出了成绩，我必须让他们尽快独立，不能活在我的影子里。"谈起每个学生的特长，金力如数家珍。

承袭了谈家桢的思想，金力同样认为，在学科发展上应宏观和微观并举。"对生命科学来说，宏观和微观就像分子和生命的关系。如果忘记了生命，这个学科做不好。"

成为院长后，金力把谈家桢对遗传学的期望——"年轻化、社会化、专业化、国际化"，做成铜字布置在生命学院的醒目位置，作为学院发展的指导思想。

愿为家乡作贡献

金力虽身处上海，但却密切关注着家乡的变化。金力说，他现在每年都会回一次老家上虞，除了参加家乡的一些会议或考察，他也会来家乡进行旅游和探亲。"我的伯父、堂兄都生活在上虞，并且跟他们一直保持着联系，所以，只要有机会，我就会回上虞走走看看。说心里话，这些年来，家乡的变化太大了，特别是曹娥江两岸，不仅风光秀丽，还有这么多历史文化遗迹，令人流连忘返。还有老家的农村，干净、整洁、美丽，可以说，处处是风景。"

作为复旦大学的副校长，金力一直致力于推动复旦大学与家乡上虞的产学研合作。2014年，金力曾促成复旦大学绿色照明研究院正式落户上虞，为上虞的照明产业转型升级实现跨越式发展提供了有力的科研支持。那一年，他还受邀参加了上虞举办的科技节，并与曹春晓、沈寅初、钟群鹏院士等一起被聘为区政府科技顾问。

在金力看来，家乡上虞围绕集聚资源、搭建平台、转化成果、培育新兴产业、升级传统产业、构建创新体系等工作，与众多高校院所开展卓有成效的产学研合作，是一条可行有效之路，只要坚持下去，定会结出丰硕之果。为此，只要有机会，他就会为家乡的发展建言献策。他说，家乡的许多产业正在转型，转型的方向很多，但转型考量的角度应该是精准的。做产业布局，既要看原来发展的基础，同时也要顾及宏观的产业发展。

金力所研究的医学遗传学、遗传流行病学、人类群体遗传学和计算生物学等，是生物医药行业的一个基础，他曾建议："生物医药产业在家乡的基础相对薄弱，但我觉得可以适当布局，没有小何来大，小的也能长成参天大树。家乡目前营造的创新创业环境很好，这给很多企业带来机会。"为此，他曾带领他的团队专程考察过杭州湾上虞经济技术开发区及柯桥等地，打算寻求合作机会，建立产业研究院。

对于上虞提出的"虞商回归"的思路，金力十分赞赏。他说，绍兴是著名的名士之乡，自古以来，名人辈出。今天，在上海和外地，有很多优秀的虞籍人才，尤其在科技、学术、投资、建筑、文化等领域，可谓人才济济，他们对家乡都有一份特殊的感情，更有回报家乡的意愿，这是上虞的资本。我也一样，只要家乡需要我，我一定全力以赴，为助力家乡的发展，贡献一份力量。

2020年8月，57岁的金力院士又履新职，被上海市委、市政府任命为上海复旦大学医学院党委副书记、院长。得知此讯后，家乡上虞的有关部门曾专门向他致贺，金力说，我一定会努力工作，以更优异的成绩，回报家乡人民的期望。

参考文献：

1. 金力：《从智人到神人——人类的未来将会如何》，中国生物技术网，2017年6月29日。

2. 冯丽妃、黄辛：《有先生指路乃人生一大幸事》，《中国科学报》，2013年6月24日。

3. 金力：《写在基因中的历史》，《文汇报》，2010年7月10日。

4. 张炯强：《展望2018——复旦大学副校长金力：个个项目瞄准世界最前沿科技》，《新民晚报》，2018年2月4日。

量子光学研究领域的开拓者

——记中国科学院院士朱诗尧

朱诗尧，1945年12月生于上海，祖籍浙江省上虞县（今绍兴市上虞区）谢塘镇。量子光学专家，我国最早从事量子光学研究的学者之一。1968年毕业于华东师范大学物理系。1982年获山西大学物理学（光学）硕士学位。1986年获上海交通大学物理学（固体物理）博士学位。1986年至1988年任上海交通大学讲师、副教授。1988年至1993年，先后任美国新墨西哥大学、得克萨斯农工大学助理研究员。1993年至2004年历任中国香港浸会大学副教授、教授。2010年至2016年任北京计算科学研究中心量子光学与量子信息实验室教授。现任浙江大学物理系教授、浙江大学量子信息交叉中心首席科学家、华东师范大学荣誉教授。2003年被选为英国物理学会会士，2005年被选为美国光学学会学士，2011年被选为美国物理学会会士。发表学术论文300余篇，论文被谷歌学术总引用次数超过13500次。1999年获国家自然科学三等奖，2004年获伊朗政府花拉子模国际奖，2014年获国际激光科学和量子光学领域的大奖——兰姆奖。

2015年当选为中国科学院（数学物理学部）院士。

上虞谢塘，是虞北东面的一个千年古镇，被誉为"灵惠之地"，从这里走出了许多重量级名人，中国科学院院士朱诗尧外婆家就是在这里。

深秋的杭州，寒意渐浓。2020年11月3日下午，当我们走进浙江大学老校区一幢实验楼的小会议室时，却有一种春风扑面的感觉。刚从实验室里走出来的朱诗尧院士正微笑着在门口迎候我们，他热情地对我们说："欢迎你们来看我，每次见到老家来的乡亲，我心里总是特别开心和温暖。"

小学教师的科学家梦想

朱诗尧的父亲是江苏丹阳人，母亲谢联璧是上虞谢塘人。朱诗尧出生在上海。父亲曾经告诉他，他们在丹阳的老家很贫穷，爷爷为了讨生活，10岁那年就离开了老家，然后光着脚板，一路跋涉，走到上海，之后就在上海艰难度日，落地生根。相比之下，母亲在谢塘的老家则较富有，因为外公是上海一家银行的经理，在谢塘镇上也有不少产业，所以生活比较安逸。

朱诗尧的小学、初中和高中都是在上海完成的，他就读的中学是市里的一所普通中学，"但是我学习很用功，我在读中学时，就特别喜欢化学和物理。"朱诗尧告诉我们。他特别清晰地记得他读中学时与物理老师发生争执的事，这位物理老师是上海师范学院的毕业生，分配到学校后，在朱诗尧的班里教物理。有一次，朱诗尧问这位物理老师一个问题，老师虽然回答了，但朱诗尧觉得老师的回答不太对，于是就与老师展开了争论，两人从课堂一直争论到操场，又从操场中间争论到边上的双杠旁。"我这人就是这脾气，喜欢打破砂锅问到底，到现在还是这样子。"朱诗尧笑着说。

1962年高考时，朱诗尧读书的学校里有300多名学生参加高考，上重点线的有10名学生，朱诗尧就是这10名学生中的一个。收到录取通知的前一天，学校里已知道朱诗尧被全国重点大学录取了，但他本人还不知道。在学校的走廊里，朱诗尧遇到了那位他常与之争论的物理老师，他问物理老师自己能不能考上，物理老师神秘地对他笑了笑，只说了一句话："先苦后甜。"次日，朱诗尧就收到了录取的通知。

但在填写志愿时，朱诗尧只填了华东师范大学物理系，而按他的成绩完全可填复旦或交大，只因出身的原因，他不敢有这样的奢望。

1968年，朱诗尧以优异的成绩从上海华东师范大学毕业，他的愿望是读研究生，但因当年不招收研究生。加上他的出身，使他的愿望成为难以实现的奢望。就这样，他被分配到山西省沁源县郭道镇，先在镇上的郭道小学教了5年书，之后又在镇上的郭道中学教了5年书。在这漫长的10年间，朱诗尧白天教学生们数学和工农业常识等课程，晚上夜深人静时，就一头扎到自己的物理攻读中。由于许多物理书籍是英文，朱诗尧就通过收听电台中的英语节目，攻克了英语这个"拦路虎"。

1978年，在沁源县郭道镇执教了10年书的朱诗尧，因其在物理学学习中的优良成绩，考入山西大学及上海交大等大学进行硕士、博士研究生深造。

1981年，在山西大学物理系攻读硕士学位的朱诗尧的两篇论文在国际知名学术杂志《物理评论》上发表，引起了学术界的关注。"这得归功于我刻苦学习后打下的英语基础，把英语学好了，才能看得懂前沿的科研文章，才能写出好的论文。当时我36岁，从那个时候开始，学术界就开始知道我了。"朱诗尧对我们说。也就在那一年，中国科学院准备筹建一个量子光学实验室，为了论证该实验室的可行性，有关部门邀请了一批学术界的权威作评委，朱诗尧也被邀请担任评委。这些评委大多是一些资深学者，只有朱诗尧是个年轻人，而且还是一个在读研究生。

1988年年中，朱诗尧赴美国留学，先后任美国新墨西哥大学助理研究员及得克萨斯农工大学助理研究员。第二年，已在美国留学一年多的朱诗尧得知，像他这样在美国留学的学生可以申请绿卡，但朱诗尧没有申请，因为他在心里早已打定主意，学成之后，回去报效祖国。

量子光学的探索者

1995年12月，时令已冬，但地处南国的香港，却呈现出了一派温暖如春的景象。这天，绿树掩映中的香港浸会大学正在举行一个国际学术会议，主持者就是从美国回来的朱诗尧教授。

朱诗尧是在1993年来香港从事科研工作的。当时，在美国工作已5年的朱诗尧感到自己已经具备独立从事研究的能力与实力，便选择香港作为自己报效祖国的基地。当时的香港，不仅有着为朱诗尧等一批年轻学者提供科学研究的良好土壤，还集聚着众多来香港从事科学研究的内地优秀人员，这为朱诗尧从事科学研究创造了极为有利的条件。事实证明朱诗尧当年的选择是明智的。短短4年后，朱诗尧就首次发现可以透过量子干涉来消除自发辐射。他的论文也在1996年被国际权威学报刊载。时隔3年后，该项研究获得了中国自然科学三等奖。

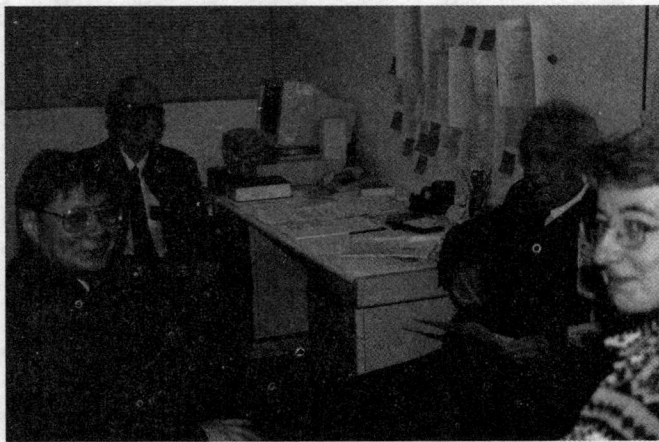

朱诗尧院士（左一）和两位诺贝尔奖获得者在一起

朱诗尧这次在香港浸会大学组织并主持的活动叫"量子光学与激光物理学"国际学术会议。

激光技术是20世纪60年代发展起来的最活跃的科学技术新成就。激光的出现，标志着人类对光的掌握和利用进入了一个新阶段。它是当今新技术革命的一个重要领域，和光导纤维、微电子技术结合，促进了信息革命的发展，推动着信息时代的来临。

从1986年开始潜心量子光学研究以来，朱诗尧就像一台不停旋转的马达，高速运转在这一课题的探索和研究之中。俗话说："人贵在志，志贵在恒。"长期以来，朱诗尧不言苦不言累，踏实敬业，集中精力从事自己所钟爱的科学研究。功夫不负有心人，10年过去了，终于盼来了丰硕的成果。美国《科学》杂志曾对此评价说："从20世纪60年代中期以来物理学家们梦想实现无反转激光，Scully和朱诗尧建议的耦合态可能是其关键。"

1999年，朱诗尧以项目第一研究者的身份领衔主持的"自发辐射和受激吸收中的量子干涉效应"研究项目又取得突破性成果。这一成果引起了包括英国皇家学会会员和前美国光学学会主席P.Knight爵士等世界著名学者的高度关注，并被广泛引用。而量子光学的国际权威学者M.O.Scully更是这样评价朱诗尧的："他的主要贡献是发现在多能级系统中受激吸收或自发辐射可以被量子干涉完全抑制。"可以说，朱诗尧所取得的研究成果为量子光学的研究开辟了一个新的领域，是量子光学基础理论的一大创新。

几十年来，朱诗尧一直从事着量子光学的理论研究，取得了显著的成绩，并已成为国际上知名的量子光学理论研究专家。他曾多次主持或合作主持国际学术会议，并多次应邀在相关国际会议上做报告。他在美国《科学》《物理科学快报》等国际顶尖学术刊物及其他知名报刊杂志上发表的学术论文已达300余篇。这些论文受到了国内外同行的高度评价，其总引用数超过13000次，单篇被引用超过100次的论文有32篇，其中有一篇引用数已高达1300多次。

朱诗尧于1999年荣获中国国家自然科学奖三等奖。2004年又荣获由伊朗总统哈塔米亲自颁发的第17届花拉子模国际大奖二等奖，同年，他被遴选为英国物理学会会士。2005年遴选为美国光学学会会士，2011年遴选为美国物理学会会士。

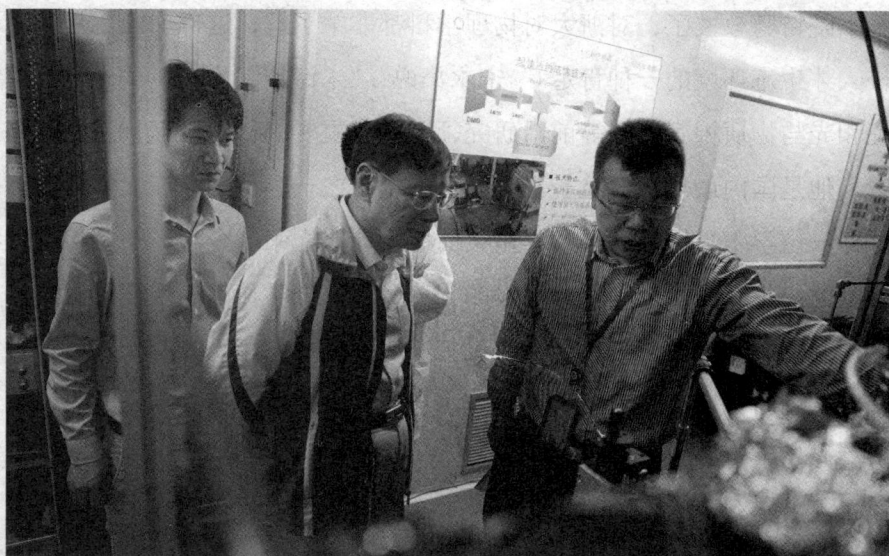

朱诗尧院士（中）参观精密光谱科学与技术国家重点实验室

作为一名科研工作者，尤其是从事基础物理学研究的科学工作者，要取得任何一项开创性的成果，没有多年的执着追求与孜孜不倦的探索，是不可能享受到丰收的喜悦的。小学教师出身的朱诗尧能取得今天骄人的成就，就是他不懈努力艰辛探索的结果。

弘扬浙大"求是"精神

朱诗尧于2016年12月加盟浙江大学。作为自发辐射中量子相干理论的创立者和中国科学院院士，朱诗尧的加盟，为浙江大学重点打造一流基础学科、引领浙大学子在量子光学研究中的方向，迈出了坚实的一步。

在2016年12月29日举行的"浙大欢迎您"的仪式上，朱诗尧发表了热情洋溢的讲话，他说："我现在已经是浙大人了，今后一定要弘扬浙大的'求是'精神，跟大家一起打拼，为建设一流大学而努力！"

浙江大学常务副校长宋永华为朱诗尧佩戴了浙大的校徽，他代表学校对朱诗尧院士加盟浙大表示热烈欢迎，他说："朱诗尧院士2005年就成为浙大光彪学院特聘教授了，对浙大对物理学科都非常了解，这次加盟也是对我们学校人才生态环境的一种肯定。"宋永华说："朱诗尧院士在量子光学、激光物理和光与物质相互作用等前沿研究领域中有重要的科学贡献，是国际知名学者。他是国内最早从事量子光学研究的学者之一。我们浙江大学为能够引进这样一位学术界楷模、科学界精英而感到无比光荣。今年，学校将物理学科确定为'十三五'期间重点建设的一流骨干基础学科，迫切需要像朱诗尧院士这样的学术大师来引领学科建设与发展，指导青年人才成长发展，组织团队开展创新性研究，希望朱诗尧院士加盟浙大后能为物理学系的建设和发展增添一份宝贵的力量。"

朱诗尧院士在做讲座

　　肩负重任的朱诗尧是一位大忙人，自从他加盟浙江大学后，除了去外地开会或从事学术交流外，他每天的活动轨迹就是两点一线，从家里到学校，再从学校到家里。学校为方便他工作，专门给他配了公车，他可以随叫随到，但朱诗尧很少用学校的车，每天几乎都是自己打车上下班，他说这样可以少麻烦学校，自己也可自由一点。

为了集中时间、集中精力搞科研，朱诗尧每天的饮食也可以用"极简"来形容，早上一杯牛奶或咖啡，加几块饼干或面包，中饭在学校里解决，同时买好晚上的米饭或面食，回家时将冷掉的米饭或面食在微波炉里热一热，一天就这样对付过去了。他的助手告诉我们，因为工作忙，朱诗尧院士几年前从香港拉回来的几只箱子，到现在还没有打开过。

作为浙江大学物理系教授和浙江大学量子信息交叉中心首席科学家，朱诗尧尽管已75岁了，但他仍坚持在科研第一线工作。在自身科研不断取得成果的同时，朱诗尧更念念不忘对年轻学子的培养和教育，他认为一所学校出科研成果固然很重要，但培养德才兼备的年轻学子更为重要。为此，他曾多次给学生们做报告、写寄语，以传播浙大在世纪之交风云变幻之际变革图强的创校史、浙大在烽火岁月中辗转西迁薪火相传的发展史及浙大的前辈们代代传承"求是"精神的奋斗史，从而进一步认识到浙江大学作为一所引领性大学所承担的时代使命，以及作为一名浙大教师、学生在这个时代使命中所肩负的职责和重任。

这些热情洋溢而又蕴含着家国情怀和时代视野的教诲点燃了每一位师生心中的激情。当然，在朱诗尧讲述量子光学的发展与中国伟大复兴交织历程的同时，又会以自己的成长经历为例，讲述20世纪70年代左右量子光学领域的大发展大成熟和国内青年学者在艰苦条件下矢志不渝的奋斗精神，而自己就是当年那群追寻科学之梦、誓攀世界前沿的青年学者中的一员，通过自己研究生阶段学习和科研的实际经历，启发同学们秉承"求是"态度严谨钻研，带着"创新"意识探索前沿。

21世纪的今天，是量子光学和量子信息领域的收获期。对此，朱诗尧充满信心。他展望着量子光学和量子信息的未来，展望着浙江大学的未来，他勉励浙大年轻学子们一定要成为见证未来、承担未来的一代。就如他与学生们在一次交流时所说，老一辈学者一个人的贡献是渺小的，而在座的几百位青年学生所发挥出的力量才是巨大的，我们汲取着"求是创新"的精神精研学术、勇攀高峰，必将在世界一流大学建设的征程中书写浓墨重彩的一笔。

而对于在光学学科研究中成绩突出的人才，朱诗尧则予以极力的推荐和培养。这些年来，他推荐了多位国内有才能的年轻学者去国外进修，如推荐浙江大学的林强教授、华中师范大学的李高翔教授等多位获得了洪堡奖学金的年轻学者赴德深造；推荐西安交通大学的李福利教授和同济大学的羊亚平教授前往美国进修，这对于提高国内量子光学理论研究水平起到了重要作用。此外，朱诗尧还与国内学者合作组织了多次有关量子光学和相关学科的学术会议，促进了本领域国内外学者之间的学术交流。

在浙江大学物理系，朱诗尧既是一位科学家，又是一位慈祥的长者。2020年年初，新冠肺炎疫情来势凶猛，这给朱诗尧团队的科学研究带来了不小的冲击，对此，朱诗尧心中十分焦急，怎么办？新冠肺炎必须得防，但科学研究也不能停下。为此，他专门手写了一份与浙大全体学生共克时艰的寄语，寄语称："最近，新冠病毒引起的疫情在很大程度上影响了大家的学习和生活，希望同学们注意安全，帮助自己和家人保持健康，在尽快适应学校新的课程安排和各项举措的同时，希望大家利用这个独特的机会，在规划好学习的同时，将平时没时间但又很重要的一些事，例如一些研究项目，去做好，使自己有更大的收获。"

这既是一位长者对学生们的殷切关怀，更是一位老科学家从内心深处流露的家国情怀。

浓浓故乡情

朱诗尧父亲的故乡在江苏丹阳，母亲的故乡在上虞谢塘镇。但在朱诗尧的心底，他还有第二个故乡，那就是他曾执教10年的山西省沁源县郭道镇。当年，在举目无亲、人地两生的穷山沟里，是淳朴、善良的郭道镇父老乡亲伴他度过了他人生当中最难忘的青春岁月，使他在教书育人的同时，更树立起刻苦学习、奋发图强、报效国家的信心和毅力。对此，朱诗尧始终念念不忘，心存感恩。他离开郭道镇后，又多次重返郭道镇，并2次出资共50万元捐资助学，以表达自己对第二故乡的感恩之意和牵挂之情。

朱诗尧曾说过，一个人的成长，离不开故乡的养育之恩，也离不开故乡的文化熏陶和影响。这些年来，在不时行走于丹阳和沁源的同时，他也把深情的目光，投向了母亲的故乡上虞谢塘镇。

2018年8月上旬，朱诗尧院士正好有一次来绍兴参加院士专家疗休养的活动，这是一次难得的机会。多年来他有一个心愿，就是要来母亲的故乡寻根。于是，待活动一结束，他就急匆匆地转道上虞，这是他第一次踏上母亲故乡的土地。他对陪同的绍兴科协工作人员说："虽然母亲已经去世五六年了，但她在世时给我讲述的故乡情景我还历历在目。由于父亲过世得早，基本上是母亲一个人把我们拉扯大的，所以我和母亲的关系特别亲密。我在香港工作时，母亲在上海生活，我基本上每两三个月都会回来看她一次。母亲去世后，我一直想来看看她出生的地方，可是一直没有机会，一是因为忙，二是到了上虞，也不知道往哪里去找，这次我的愿望终于实现了。"

上虞有关部门对朱诗尧院士回故乡寻根表示了热烈欢迎，他们陪朱诗尧参观了春晖中学、谢晋故居和乡贤馆等地方。然后，便陪他来到他母亲的出生地谢塘镇。

听说有一位大科学家来了，小镇一时热闹了起来。面对热情的乡亲们，朱诗尧既激动，又兴奋，他对围在他身边的乡亲们说："我母亲是上虞谢塘人，我一直想来母亲的家乡看看，今天终于如愿了。"在谢塘期间，谢氏族人将新修编的一套5册《上虞谢氏宗谱》送至他面前，朱诗尧当即翻阅起来，想从中寻找外公的名字，但因为宗谱太厚了，外公的名字又一时找不到，于是，他便当场与谢塘镇的乡贤、曾任上海交通大学校长的谢绳武通了话，通话结束，他激动地对身旁的乡亲们说："谢校长是这套宗谱的编委会名誉主任，他告诉我，我外公的名字就在这套宗谱里面，所以我可以非常确定地说，谢晋、谢绳武和我母亲，都是从谢塘走出去的，我母亲与谢晋是同辈，我外公与谢绳武是同辈。"后经上虞区档案馆同志们的努力，终于找到了原始家谱。

"朱院士，那您以后要多来您母亲的家乡走走啊。"一位老者笑着对朱诗尧说。

　　朱诗尧点头说："那是一定的，一定的。上虞是母亲的家乡，也是我的家乡，今天是我第一次来上虞，以后我还会再来，经常来。"

参考文献：

　　1.《浙大物理学系又添一员大将 中科院院士朱诗尧新加盟》，浙江大学高端培训网，2017年1月5日。

　　2.崔杰：《中科院院士朱诗尧情系老区捐资助教》，沁源县融媒体中心，2019年7月19日。

科学巨匠
KE XUE JU JIANG

虞籍院士
风采录

仰望，在星空里

——记中国科学院院士景益鹏

景益鹏，1964年1月出生，浙江省上虞县崧厦镇（今绍兴市上虞区崧厦街道）人。天体物理学家。1984年毕业于杭州大学物理系。1989年获中国科学技术大学硕士学位。1992年获得意大利国际高等研究院博士学位。1993年至1996年先后在美国亚利桑那大学、德国马普天体物理研究所从事博士后研究。1996年至1999年在日本东京大学做高级访问学者。1998年入选中国科学院百人计划。2001年获得国家杰出青年科学基金资助。2004年入选首批"新世纪百千万人才工程"国家级人选。2012年加盟上海交通大学，现任上海交通大学讲席教授、博士生导师，上海交通大学物理与天文学院院长。先后担任国家重点基础研究发展计划（"973"计划）"宇宙大尺度结构和星系形成与演化"项目首席科学家、国家天文台"宇宙学研究"创新团组首席研究员、上海天文台学术委员会主任、上海天文台星系宇宙学中心首席科学家、上海天文台中国科大星系宇宙学联合实验室主任等。发表学术论文100多篇，研究成果在国际上具有重要影响，共被4000多篇论文引用，其中7篇论文的单篇引用数超过100篇次，24篇论文的单篇引用数超过50篇次，单篇引用数最高达297篇次。获中国科学院青年科学家奖、第九届中国青年科技奖、第七届上海市自然科学牡丹奖等奖项，获第九届上海市十大科技精英2004年—2006年度上海市劳动模范等荣誉称号。

2015年当选中国科学院（数学物理学部）院士。

上海交通大学物理与天文学院坐落于红白相间的楼宇中，显得颇为宁静。楼道中，天文系科研成果的展板上粘贴着三排新近发表的学术论文，还留着油墨的馨香。

景益鹏院士头发微卷，稀疏的黑发中掺杂着几缕白发，诗意般地盘旋在前额。他架着一副银白色细框眼镜，脸略显瘦长，淳朴而憨厚，洋溢着一种宠辱不惊的清朗。他的办公室，清一色的白墙上悬挂着一张方形图框——银河系俯视图，星系螺旋状的旋臂向周围散开，恒星如同彩色沙粒散落其中。

2020年10月21日上午，我们采访团一行走进上海闵行区的交大新校园，也一起走进景院士平常而又不平凡、神圣而又神奇的岁月里。

自由成长的土壤

上虞崧厦贤才街小河东岸，爱莲路上的新、老"九思堂"是俞氏族人曾经的风光和荣耀。老九思堂建于明末清初。百年之后，九思堂子孙又在南面造了七间大楼和六间侧楼，称为"新九思堂"。祖籍慈溪周巷的景益鹏，出生在老九思堂，家里姐弟四人，排行老小。

景益鹏院士旧居

景益鹏出身于中医世家。民国年间，祖父景怀章在崧厦朝北街开了一家诊所。父亲景忠信是虞北一带的小儿科名医，盖北、沥海、三汇、道墟以及绍兴、杭州等地的患者，纷纷慕名前来就医问诊。这样的状况一直延续到景忠信85岁。他曾先后担任崧厦中医联合诊所负责人、三联卫生院院长，曾担任上虞市政协委员。母亲俞文仙出生于老九思堂，先后任崧厦服装厂保管员、鞋业社会计出纳。

那时，尽管景益鹏住在崧厦集镇上，但他老家"九思堂"前面，就是大片大片的田园，几乎与农村没有差别，他在一茬茬绿油油的菜地里与小伙伴们一起抓蛐蛐，在密不透风的甘蔗林里捉迷藏，夏日里，也在屋后清粼的河水里尽情游泳。他说，小时候虽然物质条件不充裕，但过得无忧无虑、无拘无束，童年的记忆虽然朦胧，却总是那样美好！

不过，从小，他就喜爱看书、学习。景益鹏孩童时代的一位邻居，差不多与景益鹏同龄，她说那时他已经展现出优秀的一面，附近大人都以他为榜样教育孩子。"我在玩耍，台门里窜来窜去，和一群小孩疯闹，到他家那里就自觉地把脚步放轻了，总看到他在家看书。"尽管景益鹏那时默不作声，但给邻居都留下一个印象，知道他是一个认真、勤奋的孩子。

景益鹏小学五年半是在崧厦镇小读的。因当时分配到崧厦中学的名额都给农村学校了，所以初中两年他也在崧厦镇小附中度过。那是20世纪70年代后期，中小学教育逐渐走入正轨，在景益鹏的印象中，初中的数学、物理老师是两位年纪很轻、经验不足的代课老师，一位是姓阮的老师，高中毕业，去东北养过蜜蜂，而后回来做数学代课老师；一位是崧厦当地的陈姓老师，也是高中毕业直接做他们的物理代课老师，第二年这位老师考上了南京大学。这两位老师给他留下很深的印记，他们教得特别细心，与学生们也特别亲近，那时他们整个班的同学都珍惜这样的学习环境。没想到，就是这样一个班，当年竟有10位同学一起进入了春晖中学的理科尖子班，而崧厦中学当时整个年段四个班的学生能考入这尖子班的也仅仅一两个而已。

春晖中学是一所有着"北南开、南春晖"美誉的江南名校，当年朱自清在《春晖的一月》中这样描述这里的风景："湖在山的趾边，山在湖的唇边，他俩这样亲密，湖将山全吞下去了。吞的是青的，吐的是绿的，那软软的绿呀，绿的是一片……"在如此世外桃源般的白马湖畔，景益鹏仿佛来到了求学的天堂，他求知若渴，当鸟儿晨起鸣叫，他起床攻读；当星星缀满天空，他才枕梦入睡。在湖边，在山间，在田野，都留下了他朗读和背诵的声音。

景益鹏院士在家乡春晖讲堂授课

景益鹏几年前对前来采访他的春晖学子说，春晖真是个读书、学习的好地方，你们更要珍惜现在的学习环境。以前在春晖读高中，吃尽路的苦头，崧厦到百官要一路颠簸，百官到春晖是石子路，没有自行车，要走一个多小时，回家一趟不方便，只好一个月才回去一次，哪像现在，交通如此便捷。

景益鹏是1980年春晖中学复校后的第一届毕业生。那时，基础物理理论发展迅速，爱因斯坦、牛顿和中国数学家陈景润等成了青少年心中的偶像。景益鹏自然也不例外，尤其对爱因斯坦的相对论非常感兴趣，他说自己在初中时打下了扎实的基础，高中时期就更加喜爱上了物理、数学。

在春晖中学读书期间，那些教过他的老师，都对他记忆深刻。年近九旬的杜培荣老师曾是景益鹏的数学老师，在他印象中，景益鹏文质彬彬，学习扎实、刻苦，从来不是班里的活跃分子，但很朴实，是一块做学问的好料子。

作为当时学校里主持工作的副校长沈乃福，虽没教过景益鹏，但对这个名字记忆犹新："他是春晖复校后的第一批毕业生，当时学校里成绩拔尖的学生很多，他就是其中最最拔尖的那几个之一，每次评奖评优都有他的名字。"

景益鹏最终以全校第二名的成绩考取了杭州大学（今浙江大学）。

迈向"宇宙"的广阔舞台

在大学本科阶段，景益鹏学的是物理学专业。大学三年级的时候，相比量子物理，他对广义相对论更感兴趣。广义相对论适用于宇宙，于是，他的专业兴趣逐渐转向天体物理。

大学毕业后，景益鹏考取了中国科技大学硕士研究生，师从天体物理学家张家铝院士。也恰是在20世纪90年代，天文学界证实了一个颠覆性的观点——宇宙在加速膨胀，而非此前认为的减速膨胀。这一发现，将宇宙大尺度结构的研究推向了新的高潮。

正是在这一阶段，他的主攻方向开始由物理学转向宇宙学。

回顾这一转变，景益鹏说，其实最初是另一位老师提醒，宇宙学以后可能会有很大的发展。他将这一观点征询自己的导师，张院士也深表赞同。从此，景益鹏确定将宇宙学作为自己未来的研究方向。景益鹏没有让导师失望，在宇宙学研究领域表现出卓越的科研能力。1988年离开中科大的时候，他已经发表了A类、B类期刊文章5篇。

出色的学术成就为景益鹏争取到了赴意大利国际理论物理中心做访问学者的机会。意大利一直是他向往的地方，它不仅在天文天体发展史上占有非常突出的地位，更重要的是，那里有最为杰出的天体物理学家丹尼斯·夏马。夏马是斯蒂芬·霍金在剑桥大学时的导师，还培养过马丁·里斯、布兰登·卡特、乔治·埃利斯等世界一流的科学家。

1990年，景益鹏准备报考丹尼斯·夏马的博士研究生，但他发现自己已经错过了意大利国际高等研究生院的报名时间。幸运的是，丹尼斯·夏马仔细看了他寄过去的资料后，给了这位中国年轻人一次机会，同意他报名参加考试。

这是一次十分激烈的竞争，丹尼斯·夏马只招3名学生，来报考的17名学生都是国际天体物理研究领域的佼佼者。夏马亲自主持了考试，考试分笔试和口试，内容为"天体物理的前沿问题"及"如何看待星系分布的最大结构的两派争论"等，让考生自由发挥。扎实的天文学理论功底让景益鹏在考场上挥洒自如，其独到的见解、前瞻的思想让丹尼斯·夏马颇为兴奋："这是个难得的天文奇才！"考试结果，景益鹏名列17位学生之首，如愿以偿成为丹尼斯·夏马的学生。那一年，他26岁。

事实证明，夏马当初的决定是对的。仅仅两年时间，景益鹏先后有10多篇论文在《美国天体物理学报》《英国皇家学会天文杂志》等国际权威学术刊物上发表。有一天，夏马对他说，你可以提前毕业了。在此之前，意大利国际高等研究生院的天文专业还没有人能在2年内取得博士学位。景益鹏也因此成为该院天文专业2年取得博士学位的第一人。

后来景益鹏来到德国马普天体物理研究所从事博士后研究。他的导师乔哈特·伯纳计划组建一支德国与中国一流的年轻宇宙学家队伍。他问景益鹏愿不愿回到中国担此重任，并表示如果景益鹏不愿意回国，他就会取消这一计划。

景益鹏答应了。他谢绝了亚里桑纳大学、东京大学、罗马大学等开出的优厚条件，于2000年踏上了归途。景益鹏说，在国外几个高水平学术平台做过研究，更加知道我们国家在天文事业方面的差距，"国外再好，也是外国的，作为中国人，最终还是要选择回来"。

这年5月，我国天文界第一个"中德马普青年伙伴小组"（以下简称"马普小组"）成立。"马普小组"由中国科学院、德国马克思普朗克科学促进会、中科院上海天文台和德国马普天体物理研究所联合创办，景益鹏负责具体运作。其研究的课题均为现代宇宙学的前沿问题，包括宇宙大尺度结构、星系形成与演化、星系的相互作用、暗物质和暗能量的物理性质、引力透镜效应等。

"马普小组"刚组建，景益鹏决心通过自培、招聘双管齐下，努力打造一支精锐的"科技尖刀组"，为进一步揭开宇宙奥秘、为我国的宇宙学研究跻身国际领先地位作贡献。

景益鹏没有食言，十多年来，他身先士卒，埋头苦干，除了出差，其余时间绝大部分在工作室度过。每周采购一次，把一个星期所需统统购足放在冰箱里。为了节约时间，中餐基本上靠快餐打发，在工作室稍作休息后又开始研究。晚上，上海天文台天文大厦六楼总是灯火通明。他的爱人赵玲丽告诉我们，有一次，景益鹏为了写一套天文模拟程序，废寝忘食，超负荷工作，直到病倒为止。"当时国际上没有任何模板可循，要写出这样一套程序，不仅需要超高的专业素养，更需要严谨认真的工作态度。要是有一个地方出错，这套程序就运行不下去，因此他对每一个细节都反复斟酌，耗费了大量的精力。"那段时间，景益鹏和"马普小组"的每个成员每天都在与星星"零距离"对话。

只用了短短两年时间，这个以博士生为主的8人小组就已超越国外同行，创造了一切从零开始的奇迹。他们在国际权威学术刊物上发表论文14篇；与东京大学合作完成一组高精度的宇宙学数字模拟，比国际上同类模拟的质量和空间分辨率分别提高了8倍和2倍。这组高精度数字模拟在宇宙学的多项研究中具有重要应用价值，引起了国际同行的普遍关注。

德国马普学会主席哈勃特·马克在参加"马普小组"中期评估会后说，他被景益鹏等人的敬业精神深深打动，同时推断景益鹏将成为宇宙学研究领域的一位杰出领军人物。

果然，不出马克所料，以后的几年中，景益鹏及其团队在宇宙学研究领域不断取得突破，可谓硕果累累。

他和他的团队建立了几个高分辨数值模拟程序，取得了一系列高质量、高精度宇宙结构的模拟样本；

首次提出了暗晕集因子的对数正则发布公式；

首次提出了描述暗晕内部物质发布的三轴椭球密度分别模型；

首次精确测量了星系对的速度弥散，其结果被广泛应用于检验星系形成模型，在国内外产生了广泛影响。

景益鹏在其从事天体物理研究的近40年中，发表论文200余篇，被引用1万多次，其中60篇单篇被引超过60次。即使是20多年前写的论文，至今仍经常被引用。由于在教学科研方面的出色成就，他先后担任"973"项目首席科学家、基金委创新群体项目负责人、"973"项目专家组成员等职，主持国家自然科学基金委重大与重点项目、国家杰出青年基金项目、中科院重要方向性项目等科研任务，并连续负责基金委"十一五"至"十四五"的天文学科发展规划工作，还获得了国家自然科学二等奖、上海市科技进步奖一等奖、中国青年科技奖等奖项，并获第九届上海市科技精英、上海市劳动模范等荣誉称号。

扎根祖国，潜心科研

2012年，景益鹏加盟上海交通大学物理系。2013年6月，在景益鹏和交大相关领导的推动下，上海交通大学宣布将物理系升格为"物理与天文系"，景益鹏任物理与天文系天文与天体物理研究中心主任。2017年上海交通大学成立天文系，景益鹏担任首任系主任，先后设立天文学一级学科博士点、博士后流动站，并于2018年起招收本科学生。其间，景益鹏有30篇高水平论文引用次数超过100次，标志着他领衔的研究和上海交大的天文学研究已经处于国际领先位置。

景益鹏对上海交大天文学学科的发展充满信心。他说，近年来天文学的重要发现层出不穷，诺贝尔物理学奖也多次颁给天体物理专业，暗物质、暗能量、系外行星系统等天文观测成果极大地丰富了人类对宇宙物理世界的认识，天文学与物理学的交融势在必行。以前，面对复杂的宇宙，人们往往缺乏信心，觉得对宇宙的认识必然非常粗糙，难以做到精细，这其实是一个刻板印象。宇宙学发展到今天，已经成为一门精确科学。从1964年发现宇宙微波背景辐射以后，我们迎来了探索宇宙演化的黄金时期。国际上，把很多望远镜的项目，或者说很多经费投入到了观测宇宙中来。而这之后40多年的时间，我们确实已经把一门非常猜测性的科学转化为一门非常定量的科学。

我们现在所谓的精确宇宙学，就是说我们的很多高精度观测使得我们能够在1%甚至更高的精度上来描述宇宙。在如此高的精度上，我们能够通过一个统一的宇宙模型，描述宇宙从最初不到1秒钟直至现在以及遥远未来的状态变化。

那么，实际上，我们现在能够看到宇宙这样的结构，是在宇宙最初期宇宙大爆炸的时候就决定了的，那时候基本粒子的性质，决定了我们现在宇宙的性质。所以，我们希望通过对宇宙的观测来了解这些基本粒子的性质。

目前，天文学的很多观测，包括从我们对银河系里边的观测，到宇宙结构的观测，再到宇宙微波背景等的观测，都表明有一种暗物质在那边。而且，正是因为有了暗物质的存在，我们所有的观测实验都可以得到解释，所以我们认为暗物质确实是存在在那里的。

因此，要研究宇宙、研究星系的形成和分布，就必须要研究暗物质。所以，现在关键的科学问题就在于这种暗物质到底是什么样的物质？它是什么样的基本粒子？可以说，了解了暗物质，就能了解宇宙的过去、今天甚至未来。目前，世界上很多的实验就是要去探测暗物质的基本性质或其基本粒子属性，这也是全世界的科学家、天文学家、宇宙学家都关心的问题。

景益鹏院士（右一）参加第十九届上海交大与大阪大学学术研讨会

谈到上海交通大学天文系的未来

发展方向，景益鹏非常明确地指出了三个目标：宇宙新模拟演示，与日本、美国合作的大型星系观测项目主焦点巡天项目（PFS）和暗能量光谱巡天（DESI）以及与加拿大、法国合作的大面积 U 波段项目。

天文系为更好地推进物理学科和天文学科交叉融合，将进一步凝聚未来发展方向和研究重点领域。天文系的研究工作围绕着宇宙学、星系形成和黑洞物理领域展开，重点不仅在具有优势的理论宇宙学、观测宇宙学、星系的多波段研究等，而且将通过加入大型观测项目向实测天文学、数据处理软件、数据库建设等拓展。天文系计划参加平方公里阵望远镜（SKA）、暗能量光谱巡天（DESI，首个第四代暗能量实验）和主焦点巡天项目（PFS），开展宇宙结构形成的大规模数值模拟和国际虚拟天文台建设。天文系针对这些项目和其他大型天文项目，准备为本科阶段学生制订全面的教育计划，课程将涵盖基础天文学、恒星物理、星系形成、宇宙学和天文技术等各个方面，并计划在 5 到 10 年的时间内将天文与天体物理研究中心建成国际天文学领域内最有实力的研究机构之一。

"用更强大的望远镜看到更年轻的宇宙。"由数千个小天线组成的射电望远镜阵列正在以前所未有的精度观测整个宇宙，这就是由全球 20 多个国家合作的 SKA 项目。有科学家据此称"人类已经进入了绘制宇宙地图的新时代"。SKA 项目的目标是建造接收面积为 1 平方公里，接收频率范围从 70MHz 到 10GHz，拥有最高图像分辨率的射电望远镜，它的灵敏度高于任何现存的射电设备 50 倍以上，能够以 1 万倍的速度完成巡天，进而能够解答宇宙起源和演化的基本问题。SKA 国际合作包含澳大利亚、加拿大、中国、意大利、新西兰、南非、瑞典、荷兰、英国、印度、德国等 20 个国家，预算高达 15 亿欧元。按照计划，SKA 将于 2024 年完全投入使用，上海交通大学天文系将参与此项研究。

除了"实际"的对天文数据的科学分析，"虚拟"天文台的建设也是中心未来优先发展的方向，用观测数据处理软件及数据库建设的模型，也许会指导人类更深刻地理解宇宙——星系是如何形成又会如何演化？最遥远的星系的结构是什么样子？近邻星系的内部结构又如何？怎样理解宇宙的起源？……有人说，人类对宇宙认识是沿着观测—理论（假说），再观察—再理论（假说）的轨迹螺旋发展起来的，每一次观察结果和新的理论的提出，都使人类对宇宙真相的认识进了一步，甚至会掀起一场认知方式的革命……或许可以说，对景益鹏和天文系科研人员来说，这是未来发展的方向，也是肩上承担的使命。

"令我困惑的不是神秘的宇宙，而是人类为什么能够认识这一切。"这是景益鹏院士最喜欢的一句爱因斯坦名言。确实，正如景益鹏院士所言，与其他学科相比，天文和宇宙距离人们的生活非常遥远，地球上所有的物质都可以在化学元素周期表中找到对应的元素，而天文学家所面对的、研究的对象是远在天边的星系和暗物质。这些神秘的存在是如何构成的，又会如何演化，时间的长河让这些问题变得难以捉摸，天文学家就像一座通往浩瀚宇宙的桥梁，拉近了地球人类和外太空的距离；景益鹏院士更像一位在科研中前进的战士，为我们揭开一层又一层神秘的面纱，探寻天体的神奇奥秘，绘制宇宙的最新图景。

培养人才，携手与放手之间

景益鹏始终把培养优秀学生作为自己的主要职责。他有一套培养学生的方法，能够很好地把"携手"与"放手"统一在一起。由他先后指导过的15个博士生，大部分很有成就，其中2位获得了国家杰出青年基金，4位获得了国家优秀青年基金，2位获得了国家青年千人计划，这是非常耀眼的人才培养成绩单。

浙江大学求是特聘教授、国家杰出青年基金获得者康熙，跟随了景益鹏6年时间。他回忆说，景老师不但关心学生的学业，还很关心他们的前途。

在读博士期间，景老师两次派他去德国慕尼黑天体物理研究所做访问学生，并告诉他到了那边要多跟人交流、合作。"在慕尼黑的时间里，我铭记景老师的教诲，跟多位老师建立了合作关系，并且完成了景老师给我布置的科研课题，科研独立性得到了锻炼。"康熙说，"2004年我博士毕业，并留在上海天文台工作，当时也在上海买了房，我想就这样安顿下来，这辈子不想去别的地方了。"而这年初夏，景老师对他说，你应该考虑去国外做博士后，我不久前见了一位牛津大学的教授，你可以考虑去他那里做博士后。康熙回想起当时自己的心情，"其实很矛盾，刚安顿下来，不想再折腾了"。但最终还是听了景老师的建议，去了牛津大学做博士后。

"博士后期间，我跟景老师一直保持联系。后来来到紫金山天文台，建立起自己的团队，也开始带研究生，并成为一名合格的研究员。"

"今年我的一个学生拿到了中科院优秀博士论文，我深深感受到导师在培养学生中的艰辛。想起当年景老师把我培养成中科院优秀博士论文获得者，他不知付出了多少努力和汗水！"

康熙教授感慨道，如果当年没有听景老师的建议，留在上海，留在导师的团组，也许自己永远不会独立，永远不能成长为一名合格的导师。

作为景益鹏指导的第一个博士生，回忆起当年的师生情，他动情地说："这么多年，从跟景老师的交往中，我深刻体会到了什么是'一日为师，终身为父'。"如今，做一名好导师也成为他一生追求和奋斗的目标。

清华大学教授李成说起景老师也充满了感激之情，他说景老师特别强调要多参加国际学术论坛、会议，去大平台交流思想、拓宽眼界。2005年景老师专门带了他和另外一位学生到意大利参加天文国际学术会议。李成至今很感慨，这次经历大大开拓了他的视野，使他更多地了解了天文学的前沿动态。

李成提到，导师的关心是多方面的。景老师2009年推荐他到德国马普天体物理所做访问学者，每次回来都要在上海的一家"小肥羊"火锅店请他吃饭，嘘长问短。博士后毕业，景老师推荐他到上海天文台工作。"因为我老家在湖北，带了老婆儿子，景老师连住宿都帮我安排好了。"

北京天文馆副馆长陈冬妮曾在景益鹏门下硕博连读，她认为导师是一个聪明又勤奋的人。有一次她按照文献做好了数据处理的图，但怎么看都跟文献里的图完全不一样。反复检查了程序和数据都找不出原因，只好硬着头皮去打扰景老师。"景老师只看了一眼我做的图，马上笑逐颜开地说你做得很好。一句表扬的话把我夸得更忐忑了，两张图明明长得不一样，怎么还说我做得很好？"陈冬妮回忆道，"他耐心地给我讲，之所以看起来不一样的图，只是因为我没有搞清楚文献里是做了'累积'处理，而我的图并没有做，只是中间过程，但正是看到了这个中间过程，证明我前面的工作都是正确的。"真是"恍然大悟"啊！她至今还对老师能"瞬间"明白问题关键而心怀敬仰。"记忆中他没有不加班的日子，即使周末节假日，他的办公室总是开着门，我们从门外总能瞥到他正忙碌的背影。"她补充道，"做科研的人都知道，可怕的对手不是聪明的也不是勤奋的，而是既聪明又勤奋的，景老师恰恰就是后者。"

事实上，景益鹏刚回国时，国内很多高校没有天文学专业，天文物理方面的高端人才更是紧缺。他常说，天文的发展还是要靠人才的培养。因此，无论本科生、硕士生，还是博士生与博士后，他都是亲自带学生。

景益鹏院士在清华大学天文系成立大会上发言

在学生看来，印象中景老师很忙，但还是坚持抽时间亲自为他们检查程序代码。景老师的科研态度，也常常感染着他们，影响着他们。"虽然景老师脾气很好，但对学业要求极为严格，来不得半点马虎。"学生们谈到景老师时一般最后都会补充这么一句。康熙教授在后来带研究生的时候也会对他们严格要求，并要求他们对科研问题多争论，实事求是，不要不懂装懂。

也许是受到了自己老师夏马的影响，景益鹏给了学生充分的科研自由，注重对其研究能力的培养。

他说，正是夏马的指导方式让其学会了独立思考，获得了独立科研的能力，当时他和研究所里的其他年轻人各自分工，平等合作，科研独立性得到了大幅度提升。

"我认为研究生阶段的学习跟高中、本科阶段是非常不一样的。我会先给新生们一些时间，让他们思考到底对什么问题感兴趣。我也会针对他们的选择，尽自己最大的能力并邀请国外某一领域专长的专家、老师对其进行指导。在学生的研究后期，我会尽量推荐他们到国际一流的研究平台上进行锻炼。让学生对科研感兴趣、培养学生的科研能力是作为导师应尽的最大责任。"景益鹏说。

家乡情深，别梦依依

"世上最美的路，是回家的路；世上最美的风景，是回家的风景。"农历2019年的除夕前一日，景益鹏在上虞首届乡贤大会上诉说着他内心的衷肠。海外十多年的求学经历，会时时想念祖国母亲，在远离故乡故土的日子里，他何尝不念想着他的出生地上虞。

2016年，他应邀做客春晖讲堂，演讲结束后，学生们拥上讲台，将他团团围住，拿着笔记本，有请教问题的，有请求签名的。他接过同学们递来的一支支笔、一个个本子，侧过身解答同学们的各种疑问，这般场景持续了近半小时，他脸上洋溢的笑容不亚于看到一篇篇学术论文发表于国际一流的学术期刊。

2019年6月，崧厦镇中心小学"红领巾采访团"前往上海交通大学，采访景益鹏。当孩子们给他系上红领巾的那一刻，他仿佛觉得自己又回到了嵩厦镇小。他耐心细致地回答孩子们提出的问题，并告诉他们当科学家首先要有爱好和兴趣，这是第一位的，也是最关键的。"一定要多看书，遇到困难多问为什么，要有一双会发现问题的眼睛，保持对周围事物敏锐的观察力……"

提到爱因斯坦的广义相对论时，他说：

景益鹏院士在首届上虞乡贤大会上发言

"时空好似一张看不见的大海绵，上面的物体会把海绵压弯曲，这种弯曲就产生了引力。"面对小学五六年级的孩子，景院士用形象的比喻，通俗易懂地破解着宇宙的奥秘，俨然一位科普工作者，孩子们也将他视为"宇宙使者"。

景益鹏表示他会带领他的研究生团队来到嵩厦镇小，成立相关的科学研究基地，为孩子们带来他们的各种科学分享。随后，他热情地带孩子们参观了李政道图书馆。当看到了真正的诺贝尔奖章时，孩子们一路直呼，太幸福了！景益鹏鼓励他们认真学习，将来能进入美丽的上海交通大学就学。

"生我育我虞舜地，永生难忘娥江情！"这是景益鹏院士对家乡的寄语。

无论对家乡还是对自己的研究领域，景益鹏一直深爱着，他和天文有着道不尽的故事，就像我们在夏夜山顶抬头仰望，那忽明忽暗的漫天繁星，怎么也数不完。

我们起身时，大家又将目光转向墙上的一幅银河系图片上，景益鹏似乎注意到了，他的双眼刹那间放出光芒，侧身伸出手指着这张图片给我们介绍说，"我们的太阳系在左下方很小一点点。其实画面中一指的长度，在现实中用光速都得走上数万年……"

是啊！在这浩瀚的星空面前，我们是多么的渺小，然而，我们又多么期待景院士这个仰望星空的人有一次又一次的超越，一次又一次的探秘发现……

参考文献：

1.徐光华主编:《走近虞籍科学家》,科学普及出版社,2010年10月版。

科学巨匠
KE XUE JU JIANG

虞籍院士
风采录

净土的守护者

——记中国工程院院士朱利中

朱利中，1959年10月出生。浙江省上虞县沥海镇（今绍兴市越城区沥海街道）人。中国共产党党员。主要从事污染物多介质界面行为与调控技术领域研究。1978年进入杭州大学化学系学习。1985年硕士研究生毕业后留校任教。1990年9月至次年9月作为高级访问学者前往加拿大不列颠哥伦比亚大学化学系学习。1996年9月至12月，任日本静冈县立大学客座教授。2000年12月至次年3月，任美国地质调查局丹佛联邦中心高级访问学者。2006年，入选浙江大学首批求是特聘教授。2014年，担任"973"计划项目"土壤复合有机污染特征、界面行为及修复技术原理"首席科学家。2015年，当选英国皇家化学会会士。现为浙江大学环境与资源学院教授、博士生导师，浙江省有机污染过程与控制重点实验室主任。兼任国家生态环境保护专家委员会委员、土壤生态环境保护专家咨询委员会副主任、国家自然科学基金委员会化学科学部第七届专家咨询委员会委员、教育部科技委环境与土木水利学部委员、"十三五"国家重点研发计划"场地土壤污染成因与治理技术"重点专项总体专家组组长、中国土壤学会土壤修复专业委员会副主任等职。曾任亚洲废弃物管理协会副理事长。1997年，入选国家"百千万人才工程"。2001年，获得国家杰出青年基金资助。发表SCI论文260篇，著有《土壤有机污染物界面行为与调控原理》《有机膨润土及其在污染控制中的应用》《环境化学》《环境化学实验》等专著和教材多部，授权国家发明专利21件。5项成果获浙江省和教育部科学技术一等奖，其中2项成果分别获2007年国家科技进步二等奖、2013年国家自然科学二等奖。2017年获全国创新争先奖状。

2017年当选为中国工程院（环境与纺织工程学部）院士。

2020年5月8日的下午，杭州浙大紫金港校区附近一住宅小区门口，身着深色西装的朱利中院士微笑着走向我们，他热情地向我们伸出手来，说："看到家乡来人了，我心里特别的高兴。"

这是"五一"小长假后上班的第3天，尽管朱利中院士的手头积压了大量的工作，但他还是从繁忙之中挤出一天时间来接受我们的采访，并整理出了应我们的要求向他索取的资料，这使采访组人员十分感动。

从小木匠到浙大教授

朱利中，1959年10月19日出生在浙江省上虞县北部杭州湾畔的沥海镇上。1975年毕业于上虞沥海中学高中部。这所中学虽地处偏僻，硬件设施一般，但师资力量很强。

朱利中高中毕业后，由于那时高考还没恢复，故要继续升学已经不可能。他面临的最好出路是拜师学手艺。当时农村的年轻人学手艺大致有两种，一种是学泥水匠，一种是学木匠，朱利中选择了学木匠。不久，在沥海镇及相邻的沥东乡、三汇乡这一带，一个庞大的新兴产业已在悄然形成，那就是建筑业。这一带的年轻人，尤其是有头脑、有文化的年轻人，几乎都被这个产业所裹挟，后来流行于沥海镇、沥东乡、三汇乡一带的顺口溜"一把泥刀闯天下，十万大军进上海"，说的就是这种现象。

朱利中告诉我们，大概在1977年的某一日，他在沥海中学高中部读书时的班主任老师突然来找他，告诉他一个好消息，说高考恢复了，他叫朱利中一定要去试一试，这一试，让他过了分数线。许是兴奋还有些紧张，第一次高考，朱利中以体检不合格失利。

1978年春，在老师的安排下，放下了手中木工器具的朱利中挑着行李铺盖，在父母的殷殷叮嘱中，乘小火轮离开了老家，两小时后抵达县城百官镇的轮船埠头，再步行10余里，来到白马湖畔的春晖中学，进入高考补习班。他在这里补习了将近两个月，时间虽很短，却是改变他一生命运的两个月。补习结束后，朱利中就离开了春晖中学，接下来的事情就如他恩师所预料的那样，他考上了。

朱利中于1978年11月进入杭州大学（现浙江大学）化学系学习。1985年4月在校加入中国共产党。1985年杭州大学分析化学专业硕士毕业后留校任教。1990年晋升为副教授。1993年晋升为教授。先后赴加拿大不列颠哥伦比亚大学、美国地质调查局丹佛联邦中心做高级访问学者。曾任日本静冈县立大学客座教授。现为浙江大学农业生命环境学部主任，浙江大学环境与资源学院教授、博士生导师。

为环境和土壤的安全保驾护航

朱利中院士是中国环境保护和土壤修复领域的领军人物，30多年来，一直从事着土壤有机污染防治的研究，他带领他的团队，先后研发出了多项土壤修复技术，运用于全国多个地方的农田和城市建设工程中，使许多"生病"的土壤恢复了健康和活力，被大家誉为环境污染的"克星"、蓝天碧水净土的守护者。

土壤是人类赖以生存的最重要的自然资源，土壤安全是保障粮食安全、人居安全、生态环境安全乃至经济社会发展的重要基础。但土壤也是污染物的重要储库和来源，各种污染物可以通过大气的干沉降、湿沉降以及污水灌溉、废弃物的填埋等方式进入土壤。与此同时，土壤中的污染物还可通过挥发作用进入大气，也可通过土壤植物系统进入农产品从而影响农产品的安全。而土壤中的污染物，特别是挥发性的有机污染物，也可通过挥发作用进入建筑物的室内，来影响人居安全。

朱利中告诉我们说，中国人多地少，虽然国土面积有960万平方公里，但人均国土面积只有世界人均国土面积的三分之一左右，也就是说，我们用世界上7%的耕地养活了世界上20%的人口，这是一件非常了不起的事情。但问题是，随着不少土地的盐碱化、荒漠化和沙化，我们的耕地资源不仅没有增加，而且在减少，更严重的是，由于一些工矿企业的污染，原本一些很好的土壤受到了破坏。全国土壤总的点位超标率为16.1%，可以说，形势十分严峻。

怎么办？中国这么多人要吃饭，国家也要搞建设，而荒废这些受污染的土地又不现实，这就需要修复和治理，在经过修复和治理的土地上种出安全的农产品。把搬迁后受到污染的工厂土地经修复治理后种上绿化，建造房子。这对专门从事环境治理与土壤修复的朱利中来说，无疑是一个严峻的挑战。

朱利中院士（中）在异龙湖蔬菜基地调研

有人说，朱利中所从事的工作既"高大上"，又"接地气"，而朱利中则自喻为是一名给土壤看病的医生，他这位医生所面对的"病患"，就是一块块受到污染的土壤，他要为这些"生病"的土地问诊把脉，找出病因，然后开出对症下药的良方。为此，除了在校教学、做实验及参加必要的活动外，朱利中和他的团队有很大一部分时间会沉到下面，冒烈日顶严寒，风里来雨里去，到第一线进行调研和考察。他的双脚，跑遍了省内外许多地方、许多企业，由此掌握了大量的第一手资料，这些珍贵的资料，不仅使他了解了各地土壤污染的现状，为他发明出系列经济高效的有机污染土壤修复新技术设备、突破土壤污染修复治理的关键技术创造了条件，更为逐步构建适合我国国情的土壤环境安全保障技术体系、产业化支撑体系和先进的管控体系提供了科学的依据。

南京煤制气污染场地修复项目，是迄今为止国内外单体规模最大的燃气原位热脱附修复工程。其污染物为多环芳烃类、苯系物和总石油烃类等。土壤修复工程量79318立方米，地下水修复工程量约41735立方米。为了掌握和了解该企业对污染场地修复的进程及遇到的难题，朱利中于2019年6月27日专程赴该企业进行考察。那天，他戴着安全帽，冒着炙热的高温，进入刚点火运行的燃气原位热脱附修复工程现场进行实地考察，他一边走，一边详细询问该企业治理地块污染源、GIR技术实施工艺和项目运营管理等细节情况，并针对技术优化、工序整合、成本控制及企业附近农田污染修复等问题提出指导意见，为该企业的土壤污染修复治理提供了有力的技术支撑和新的思路方法。

曾长期跟随朱利中赴治污一线考察调研的盛雅琪老师告诉我们，土壤污染具有复杂性，同一污染在不同的土壤上面，其环境行为、风险和危害是不一样的。比如同样是被林丹污染的土壤，如果污染的是腐殖土，尽管林丹污染浓度很高，但腐殖土有机质的含量也很高，在此种植的青菜、萝卜等作物中，有机物的污染浓度是比较低的。但是如果是砂壤土，尽管这个砂壤土中林丹污染浓度并不高，但由于土壤有机质含量比较低，种植出来的作物如卷心菜等林丹浓度往往会比较高。

为此，朱利中及其团队通过对有机污染物在土壤、水、大气、植物、微生物等不同介质上的行为进行研究，有针对性地采取调控有机污染物的生物有效性来阻控污染，即在土壤中加入生物碳或微量表面活性剂，把有机污染物"固定"住，让它很少甚至不进入农产品当中。如果土壤实在"病"得严重，他们则采取改善有机污染物的生物有效性，特别是强化微生物降解有机污染物，对污染农田实施增效修复，如采用植物修复、微生物修复以及化学强化、生物跟微生物相结合等方法来修复土壤，以阻止重金属进入农产品，提升修复效益，保障农产品安全。比起传统的用肥皂粉修复受污染土壤的方法，此方法可使修复效率增加20%以上，并实现了废水零排放，在国际上处于领先地位。实践证明，该方法在杭州、嘉兴等地农药、化工污染场地土壤修复工程及突发性事故污染土壤的应急修复中，不仅效果好，而且成本比美国EPA推荐的同类技术低1/3以上，从而有力推动了我国土壤修复行业的发展。

随着不断研发出的土壤修复新技术的推广和应用，朱利中及其团队在从事土壤污染修复的过程中，研究的脚步不断向前，从以前侧重于"事后"对污染土壤的修复，逐步转向现

朱利中院士在实验室

在"事先"对土壤污染的预测及防治，即掌握和弄清受污染土壤的有机污染物跑向哪里了，在哪些位置积累，如何调控其迁移转化过程等。在此基础上，做到边生产边修复，从而实现了既高效修复土壤，又保障了农产品安全。

朱利中院士说，土壤污染是当今国际重大环境问题之一，土壤环境保护任重道远，环境污染防治需要多介质、生态要素间、区域、制度与技术多方面协同整治，从而提供更好的解决策略，为国家新时代生态文明建设提供切实有效的保障。同时他认为，构建土壤污染防治体系，要做到政府主导、企业担责、公众参与和社会监督有机结合，只有土壤环境质量得到改善，才能保证农产品质量和人居环境的安全，作为一个生态环境保护工作者，他和他的团队责无旁贷，义不容辞。

教书育人成果丰

30多年来，在从事科学研究的同时，朱利中始终把教书育人放在重要的位置。他先后开设了环境化学、污染控制化学、环境科学与工程进展等六门主要课程。教学中他紧密结合我国生态文明建设的需求，分享介绍环境科学技术发展的最新进展，善于启发学生、激励学生，使学生们受益匪浅。

学生课题进展一直是朱利中关注的重点，面对新的课题，有些学生会无所适从，朱利中就会因材施教，尤其是针对应用性较强的课题，如土壤修复技术类，他都会和学生们一起搭建预测模型。为了保障模型的科学性、合理性、可行性和运作性，朱利中会亲自带领学生去相应公司或单位走访调研，通过搭建土壤修复模型，测定出土壤中有机质含量和污染物溶解度等参数，预测有机污染物的浓度，预测误差从传统模型的几个数量级降低到30%以内。

平时讲课中，朱利中还喜欢与学生进行互动、交流。有一次，针对一位学生在汇报学科研究中出现的问题，虽经几次修改，但均不理想，朱利中就用该学生的PPT给大家进行现场演绎与讲解，两相对比，朱利中的演绎与讲解思路更显清晰，理解更加深刻。那位学生和听课的同学也豁然开朗，深受启发。朱利中还经常把实验室用作课堂，教育学生们在科研中要保持"虽不能达到完美，但要追求完美"的初心。作为环境化学实验室，卫生是学生们面对的第一堂作业，若不能做到一尘不染，就不能确保化学实验数据的可信可靠，尤其是仪器室，轻微的灰尘都会影响仪器的精度，对此朱利中极为重视，每当发现进入实验室的学生只注意台面与地面的卫生而不注意高处的卫生时，朱利中就会爬上爬下，亲自示范，令学生们深受教育。同学们说，朱老师对我们的教育不仅在课堂中、在实验室，更在他的行动和人格魅力中。

朱利中的学生告诉我们，为了讲好环境化学这堂精品课，朱利中常常会提前一个月进行备课，因为他要保证这堂课至少有三分之一的内容调整或增加，从而让学生进一步拓展视野，接触到最新的国际前沿科技。为此他办公室的灯光总是在深夜还亮着。在每次讲课或做会议主旨报告时，为了掌控讲课或做报告的时间，朱利中常会在讲课或做报告前进行逻辑厘清、语速计算

朱利中院士在给学生讲解

与重复练习，从而使他讲课或做报告的时间达到精准的程度。

朱利中主讲的环境化学2004年入选国家精品课程，2013年入选国家资源共享课程。他积极倡导将研究型大学的优势科研资源有效转化为优质教学资源，将自己的部分科研成果改变成课堂教学实验，为在校本科生开展科研训练提供经费支持，显著增强了学生发现和解决环境问题的能力。他主编的《环境化学》《环境化学实验》入选"十一五"国家级规划教材，并由高等教育出版社出版，在我国环境类专业人才培养中发挥了重要作用。他注重学生全面发展，培养学生的责任心与职业道德。2006年，在他的指导下，博士生陈宝梁的毕业论文《表面活性剂在土壤有机污染修复中的作用及机理》被评为全国百篇优秀博士学位论文。2007年，经他指导的博士生杨坤的毕业论文《表面活性剂对有机污染物在土壤/沉积物上吸附行为的调控机制》获全国百篇优秀博士学位论文提名。另外，在他的指导下，还有4位学生获得国家杰出青年基金项目，2位学生获得国家优秀青年基金项目。他常对学生们说，作为一个环境科技工作者，就是要利用自己的知识和技术去解决国家和社会需要解决的问题，做基础研究的，应该把成果写在教科书里，做农业的应该把论文写在大地上，对我们来说，做环保的，应该在工作实践中发现问题，在实验中研究出解决方法。

朱利中教授是这样说的，也是这样做的。这些年来，在教书育人的同时，他在科研方面也取得了丰硕成果，共出版《土壤有机污染物界面行为与

调控原理》《环境化学》等专著5部、国家级规划教材2本，发表SCI论文258篇，被引10000多次，授权国家发明专利21件，连续多年入选爱思唯尔（Elsevier）出版公司数据库的中国高被引学者（环境科学）榜单。

心系家乡　回报家乡

自19岁离开家乡到今天，朱利中院士可以说已功成名就。尽管离乡已四十几年，但他对家乡的感情始终未变。因为肩负着许多科研和教学重任，还担任着不少行政职务，朱利中院士每天工作的时间表总是排得满满的，即便是节假日也如此。2020年的"五一"节，他就是在修改学生的论文中度过的，论文修改好了，节日也就过去了。

在与我们的交谈中，朱利中院士所流露的乡情乡谊乡思既浓烈，又真诚。尽管已离家多年，但他对老家当年的石板路、村旁的小河浜、童年和学生时代的各种趣事仍历历在目，记忆犹新，并能如数家珍般地说出来，令听者心生温暖和感动。他曾对家乡的记者说，他老家沥海镇的变化太大了。但在他脑海中，沥海古城依然是原来的模样——鳞次栉比的老建筑，长约500米的东西南北向的十字街，踩得光滑锃亮的青石板，镇旁清澈见底的小河……

"可惜的是，老街中的青石板现在都变成了水泥路，那些经历了沥海古城风雨沧桑的青石板亦不知去向。这是在小城镇建设中经常会发生的事，如果当时能把这些青石板和其他的老物件保护下来，在沥海街上保留一段这样的'老路'，这一定能吸引不少的旅游者。"朱利中笑着对采访组人员说。

对于母校沥海中学，朱利中院士也充满了感情，他对我们说："我上中学的时候正遇上'文化大革命'后期，虽然当时的沥海中学地处偏僻，但是教育质量非常不错，尤其是学校里有一批为教育呕心沥血的老师，正是在这些老师的培育下，我们这些人才能健康地成长。"说到这里，朱利中院士又笑着告诉我们："在沥海中学，我还获得过三项体育全能冠军，我前次回母校时，看到我当年的照片还贴在墙上。"

作为在环境保护与土壤修复领域成绩卓著的专家，朱利中院士对家乡的环境保护与土壤修复也颇为关心，每次回家乡时，他总要问及环境保护及土壤修复方面的事。他告诉我们，现在家乡的经济建设发展这么快，家乡父老乡亲的生活水平也越来越高，他很想在环境保护及土壤修复方面为家乡出一份力。譬如，他曾建议在企业转型升级时，要及时淘汰一些落后的工艺和污染严重的企业。同时，他又建议加强校企联合，尤其是大企业与高校的联合，这样高校可以借企业的场地设备进行科技产品的研发，企业可借力高校的科技力量，开发新产品并提高产品的科技含量，助推企业的转型升级。

"我很愿意在这方面为家乡的企业穿针引线，把绿色环保的高新技术引入上虞，为家乡的发展尽自己的一份力量。"朱利中院士对我们说。

朱利中于2017年11月27日当选为中国工程院院士。两天后，即11月29日上午，上虞区委宣传部、区委统战部、区科协等单位的领导就专程赴浙江大学紫金港校区看望他，代表区委、区政府和78万家乡人民对他当选中国工程院院士表示热烈祝贺。区委、区政府在贺信中说，院士是学术界给予科学家的最高荣誉称号，当选中国工程院院士，是科技界、学术界对您多年来不懈探索和杰出成就的高度认可，这不仅是您个人的殊荣，也是上虞人民的骄傲。

朱利中院士对区委、区政府和家乡父老乡亲的关心支持表示衷心感谢，他说，他是土生土长的上虞人，永远不会忘记家乡人民的养育之恩，当选院士既是荣誉更是责任，他将不断激励自己为国家、为家乡作出更多贡献。作为教师，他将继续做好教书育人工作，为国家培养更多创新人才。作为环境工作者，他将继续投身生态文明建设、环境污染防治，深入推动环境保护工作。作为上虞人，他将一如既往，为家乡的发展和环境保护作出应有的贡献。

参考文献：

1. 徐光华主编：《走近虞籍科学家》，科学普及出版社，2010年10月版。